KB202532

다음 세대 사역, 벧엘교회 토요스쿨에 길을 묻다

정희성 지음

다음 세대 사역,
벧엘교회 토요스쿨에
길을 묻다

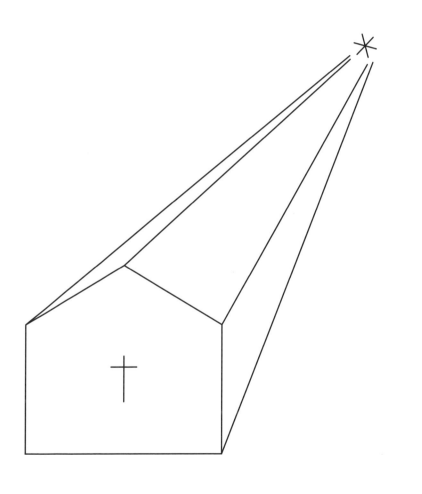

도서
출판 모닥불

목차

목사님 추천사

벧엘교회는 다음 세대 사역에 진심인 곳입니다. 2000년에 창립한 벧엘교회는 예배당을 짓기 전에 청소년들을 위한 교육관을 먼저 건축했습니다. 저 역시 목사로 부르심을 받기 전에 주일학교 교사로 오랫동안 봉사했습니다. 그때부터 생각했던 것은 일주일에 한 번, 그것도 몇 시간도 채 되지 않는 환경 속에서는 제대로 된 신앙교육이 이루어질 수 없다는 것이었습니다. 30분 안팎의 짧은 설교와 잠깐의 공과 공부를 통해 어떻게 우리 아이들이 예수님에 대해 진지하게 알아갈 수 있을까요?

간절한 고민 끝에 벧엘교회 토요스쿨이 탄생했습니다. 주일날 온 성도가 함께 모여 매주 세대 통합 예배를 드리지만 우리의 어린이와 청소년들은 토요일에 따로 교회에 모입니다. 함께 예배를 드리고, 신나게 놀고, 각자 맡은 자리에서 봉사하기 위해 열심히 준비합니다. 이 과정을 통해 우리 아이들의 믿음이 무럭무럭 자라나는 것을 봅니다.

물론 이것은 쉽고 편한 길이 아닙니다. 누군가가 식사로 봉사해야 하고, 잠자리를 돌봐야 하고, 교사로 섬겨야 하며, 기도로 동참해야 합니다. 많은 시간과 노력, 재정이 소요되는 일입니다. 성도들의 희생과 헌신이 뒷받침되지 않으면 절대로 할 수 없는 일입니다. 하지만 이 세상의 그 어떠한 가치도 공짜로 얻어지지 않습니다. 하나님께서 우리를 구원하시기 위해 하나뿐인 아들 예수님을 이 세상에 보내주셨던 것처럼 말입니다.

많은 분들이 우리 교회의 토요스쿨을 보시면서 궁금해하셨습니다. 저는 당연히 해야 하는 것을 했을 뿐인데 어떻게 이런 교육 모델을 만들어 냈느냐며 많이들 놀라십니다. 고맙게도 오랫동안 우리 교회에 다니면서 중고등부 목양자로 섬겨주었던 정희성 집사가 토요스쿨 이야기를 잘 정리해 주었습니다. 모든 내용이 담겨 있지는 않지만 그래도 그 동안 일궈온 벧엘교회 주일학교 교회 교육의 발자취를 잘 보여주고 있습니다.

이 책은 벧엘교회 토요스쿨의 이야기지만 우리나라 기독교 교육이 나아갈 길을 제시하는 책이기도 합니다. 모쪼록 이 책이 다음 세대를 위한 기독교 교육에 미력하나마 도움이 되기를 바랍니다. 저는 우리 교회 토요스쿨의 모델이 앞으로의 다음 세대 사역을 위한 하나의 대안이 될 수 있다고 굳게 믿고 있습니다. 각자의 부르신 곳에서 오늘도 수고하시는 모든 교역자분들을 축복하며, 하나님께서 우리에게 허락하신 천하보다 귀한 어린이와 청소년을 위해 함께 연합하여 나아갑시다.

벧엘교회 담임목사 김종희

들어가며

모든 교회가 다 특별하겠지만 우리 교회는 정말 독특합니다. 우리 교회에 처음 오신 분들은 너 나 할 것 없이 "어떻게 이런 교회가 있지?"라고 이구동성으로 말씀하십니다. 저도 태어나서 지금까지 40년 동안 많은 교회를 다녀봤지만 그 어디에서도 우리 벧엘교회 같은 곳은 본 적이 없습니다. 이렇게 글을 써야겠다고 마음먹게 된 것도 우리 교회가 어떤 곳인지 많은 사람들과 나누고 싶었기 때문입니다. 무엇보다 우리 교회가 가진 장점들이 다음 세대 사역에 중요한 메시지로 나눠질 수 있다고 확신하기 때문입니다.

저는 석사 때 기독교 교육학을 전공했습니다. 미국 일리노이 주에 있는 Wheaton College에서 '어린이와 가족 사역(Children and Family Ministry)'을 공부했습니다. 저희 학과에 계셨던 Scottie May 교수님은 기독교 교육학의 영향력 있는 어른이셨습니다. 저의 지도 교수님이기도 하셨던 May 교수님과 다양한 기독교 교육 현장을 볼 수 있었던 것은 공부를 하면서 맞이할 수 있는 큰 행운이었습니다. 2년 동안 교수님과 함께하며 기독교 교육의 이론과 다양한 모델을 공부할 수 있었습니다.

졸업 전 마지막 프로젝트를 마치고 제가 교수님께 던진 질문이 기억이 납니다. "교수님이 생각하시는 가장 이상적인 기독교 교육이 이루어지고 있는 교회나 기관을 본 적이 있나요?" 한참을 생각하시던 교수님은 "아직 없다"라는 대답을 주셨습니다. 그런 곳이 있었다면 한 번 방문해 보고 싶었던 저의 바람은 실현되지 못했습니다.

한국에 돌아와서 저는 그런 교회를 발견할 수 있었습니다. 물론 항상 완벽한 모습을 가지고 있는 것은 아니지만 적어도 다음 세대를 위한 열정과 헌신, 교육의 수준은 다른 곳과 비교할 수 없을 정도로 높은 곳, 벧엘교회였습니다. 많은 교회들이 다음 세대가 중요하다고 말을 하고는 있지만 그에 상응하는 관심과 투자가 이루어지지 않는 경우도 많고 무엇을 어떻게 해야 할지 길을 잃은 곳도 많습니다. 벧엘교회는 부족한 점이 있을지언정 변함없는 가치와 철학을 가지고 다음 세대 사역에 최선을 다하고 있는 교회입니다.

이 책은 벧엘교회 전체에 대해 쓴 책이라기보다 벧엘교회의 어린이·청소년 사역의 핵심 프로그램인 토요스쿨에 관련된 이야기입니다. 교회 전체에 대한 이야기보다 토요스쿨에 국한시킬 수밖에 없었던 것은 제가 교회를 다닌 시간이 짧기도 하지만 아직 교회 전체에 대해서 쓰기에 자신이 없었기 때문입니다. 여기에 더해 한국 교회 전체에 대한 이야기가 아닌 다음 세대 사역이라는 특별한 주제에 대해서만 이야기를 나누고 싶기도 했습니다.

벧엘교회 청소년들과 어린이들의 가장 큰 고통은 교회를 가지 못하게 하는 것입니다. 특별한 이유로 교회에 가지 못하게 되면 상심이 클 정도로 아이들이 교회를 좋아합니다. 앞으로도 소개하겠지만 토요스쿨 학생들은 주말 대부분의 시간을 교회에서 보냅니다. 이런 교회가 실제로 존재한다니 신기하기도 하고 궁금하시지 않으신가요? 이제부터 벧엘교회 토요스쿨 이야기에 여러분들을 초대합니다.

벧엘교회 교육관

다음 세대 사역과
벧엘교회 토요스쿨

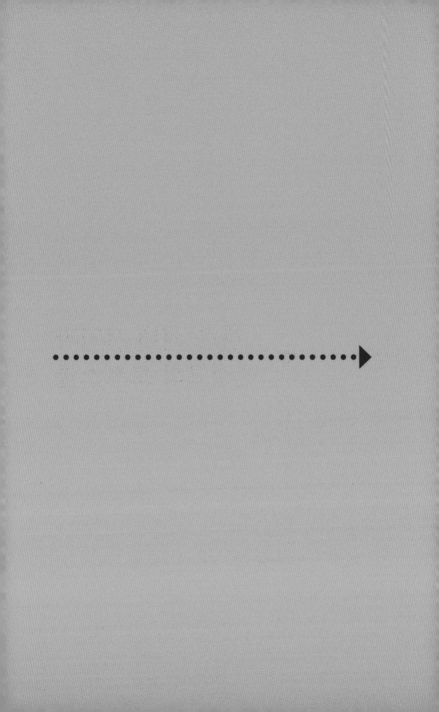

본격적으로 벧엘교회 토요스쿨에 대해 알아보기 전에 먼저 제가 생각하는 다음 세대 사역에 대한 몇 가지 특징들과 저희 가족이 벧엘교회를 등록하여 다니게 된 계기를 나누려고 합니다. 이는 책 전체의 맥락을 파악하는데 큰 도움이 되리라고 생각됩니다.

1) 다음 세대 사역

다음 세대라고 불리는 청소년들과 어린이들이 교회를 떠났습니다. 제가 과거형으로 쓴 이유는 이제는 더 이상 한국 교회가 맞이하고 있는 상황이 위기가 아닌 가슴 아픈 현실이 되었기 때문입니다. 중고등부와 어린이 부서가 전혀 없는 교회가 늘어나고 있고, 자발적, 열정적으로 교회에 출석하는 청소년들과 어린이들을 찾아보기 힘듭니다. 코로나 기간은 이러한 현상을 가속화시켰습니다. 다음 세대들은 온라인 예배에 익숙해졌고, 공동체에 대한 가치와 중요성을 느끼지 못하게 되었습니다.

안타깝게도 이러한 문제는 쉽게 해결될 것 같아 보이지 않습니다. 워낙 다양하고 복잡한 원인들이 얽혀있고 무엇보다 어린이, 청소년 인구 자체가 적어지고 있습니다. 사회적으로 이슈가 되고 있는 저출산 현상으로 학령기 인구가 줄어들고 있고, 지방 소멸 문제와 맞물려서 지방으로 갈수록 어린이와 청소년들을 찾아보기 힘들어지고 있는 것입니다. 다음 세대의 이탈은 한국교회의 미래와 직결되어 있기 때문에 이 문제를 해결하기 위해 많은 분석과 대안이 나와 있지만 교회 전체가 하나로 힘을 모아 나아가지는 못하는 형세입니다.

그렇다면 왜 우리의 다음 세대는 교회에 오지 않는 것일까요? 답은 간단합니다. 교회에 가고 싶지 않기 때문입니다. 어떤 분들은 "교회는 원래 가고 싶어서 가는 곳이 아니다, 성도의 당연한 의무이다."라고 말씀하실 수도 있겠지만, 어린이와 청소년들에게 '재미'는 그들을 움직이게 하는 매우 중요한 요소입니다. 특히 '무기력', '무반응', '무관심'으로 대변되는 요즘 청소년들에게는 '재미'를 안겨주는 것 자체가 하나의 커다란 '의미'입니다.

잠시 우리 다음 세대의 일상으로 들어가 보겠습니다. 이들의 삶을 살펴보면 하루 대부분의 시간을 학교와 학원에서 보내고, 얼마 있지 않은 쉬는 시간에는 컴퓨터, 스마트폰으로 무언가를 하거나 친구들을 만납니다. 월요일부터 토요일까지 비슷하게 반복되는 일상을 마치고 일요일이 되었습니다. 교회를 갈 생각을 하니 벌써부터 가슴이 답답해집니다. 부모님이 가라고 해서 오긴 하는데 학교나 교회나 큰 차이점을 찾기가 힘이 듭니다. 주일'학교'에서 목사님의 '설교'를 듣고, 공과'공부'를 합니다. 전달되는 내용이 다를 뿐 방식은 학교에서 하는 모양과 똑같습니다.

그렇다고 교회 친구들과 딱히 더 친한 것도 아닙니다. 마음을 터놓고 깊은 이야기를 나누는 친구들은 오히려 다른 곳에 있습니다. SNS에 올릴만한 재밌는 이벤트가 있는 것도 아니고, 엄청나게 맛있는 음식을 먹을 수 있는 것도 아닙니다. 이처럼 다음 세대의 일상과 아무런 구분점도 찾지 못하는 교회를 보며 꼭 여기에 가야 한다는 의미를 찾기는 거의 불가능에 가깝습니다. 이제는 예배마저 온라인으로 제공되고 있고, 수많은 목사님들의 설교와 기독교 강의들을 원하는 만큼 유튜브에서 무료로 시청할 수 있습니다.

결국 다음 세대 사역의 중요한 전략 중 하나는 '어떻게 이들의 일상과 다른 경험을 교회에서 제공할 수 있는가?'로 귀결됩니다. 어린이와 청소년들이 교회에 왔을 때 특별함을 느낀다면, 그래서 교회에 자발적으로 올 수 있는 충분한 이유를 찾을 수 있다면 교회학교의 부흥은 절로 일어나리라 생각됩니다. 이런 측면에서 앞으로 소개드릴 벧엘교회 토요스쿨이 어떻게 어린이와 청소년에게 특별함을 선사하는지에 대한 부분을 중점적으로 소개해 드리도록 하겠습니다.

벧엘교회 정원

2) 내가 벧엘교회를 다니게 된 이유

기독교인들이 결혼을 하면 맞닥뜨리게 되는 문제가 있습니다. 누군가에게는 사소해 보일 수 있지만 사실 중대한 문제죠. 바로 어떤 교회를 다니게 될 것인가입니다. 아내가 다니던 교회에 다닐지, 아니면 남편이 다니던 교회에 다닐지 결정해야 하는 순간이 오게 됩니다. 아예 새로운 교회를 가는 경우도 많습니다. 저희 부부도 결혼하고 어느 교회를 다닐지 많은 고민을 했었습니다.

고민의 기간이 생각보다 길어지고 7년이라는 시간이 지났습니다. 그동안 저희 부부는 다양한 시도를 했었습니다. 1년을 지내봤던 교회도 있고, 1주만 방문했었던 교회도 있었습니다. 어떤 교회에서는 부서를 맡아 열심히 활동해 보기도 했었고, 아예 교회를 나가지 않고 집에서 마음 맞는 사람들과 함께 모여 성경공부를 하기도 했었습니다. 그러는 사이 세 아이가 태어났습니다.

교회를 정하지 못하고 여기저기 떠돌아다니는 상황이 계속되자 자녀들의 신앙성장에 방해가 되기 시작했습니다. 정서적, 영적 고향이 사라지게 되더라고요. 어린이들의 신앙생활에서 '리츄얼(의식)'은 생각보다 매우 중요합니다. '일요일이 되면 당연히 가야 하는 곳'이라는 의식을 갖는 것이 엄청난 안정감을 가져다주기 때문입니다. 그리고 이러한 안정감은 신앙을 형성하는 데 있어 좋은 양분이 됩니다.

셋째가 태어날 즈음, 우리 부부는 발붙일 교회를 찾을 수 있게 해 달라고 기도했습니다. 그리고 셋째가 100일이 되었을 때 한 권사님의 소개로 '벧엘교회'를 찾아가게 되었고, 찾아간 날 당일에 바로 등록을 하고 지금까지 다니고 있습니다. 한 번도 교회를 등록해서 다녀본 적이 없던 저희 부부에게는 정말로 중요한 날이었습니다. 우리를 교회로 인도해 주셨던 권사님은 저희 딸이 다니던 어린이집의 선생님으로 계셨었습니다. 지극정성으로 딸을 돌보아주시는 모습에 감명을 받아 개인적으로 교제하게 된 것을 계기로 교회에 함께 다니게 되었습니다.

부부가 함께 벧엘교회 집사로 임명된 날

어린이집에 있으실 때 누가 시키지도 않았는데 맡은 아이들의 간식을 해 주시는 등 사명감을 가지고 일하시는 권사님의 모습을 보면서 '어떤 교회이길래 이런 권사님이 계시는 걸까?'라는 의문이 우리를 교회로 이끌었던 것이죠. 그리고 교회를 방문한 날 바로 등록을 했던 두 가지 이유가 있었습니다. 두 이유 모두 일반적으로 납득되지는 않을 것이라 생각됩니다. 하나는 음식이었고, 다른 하나는 목사님의 호통이었습니다.

처음 교회를 방문한 날 점심을 먹고 저희 부부는 너무나 놀랐습니다. 10가지가 넘는 반찬이 준비되어 있었고 지금까지 먹어 본 교회 밥 중에 가장 맛이 있었습니다. 그날만 특별한 줄 알았더니 그게 아니었습니다. '주일만큼은 잔치가 되어야 한다'는 목사님의 뜻에 따라 매주 진수성찬이 눈앞에 펼쳐졌습니다. 교회에 다닌 지 7년이 지난 지금까지도 저희 교회 식사는 최고의 수준을 자랑합니다. 연어 회, 깐풍기, 치킨, 추어탕, 물회, 초계국수, 양념게장 등 일반적으로는 먹기 힘든 수준의 식사가 매주 식탁에 올라옵니다.

수준 높은 식사가 매주 제공된다는 것은 많은 의미를 내포하고 있습니다. 무엇보다 성도들의 헌신이 뒷받침되지 않고는 불가능한 일입니다. 식사가 일요일에만 준비되는 것이 아닙니다. 토요스쿨이 있을 때는 토요일 점심과 저녁, 일요일 아침까지 식사가 제공되고, 여름 수련회, 겨울 사경회, 성탄전야제 등 특별한 행사가 있을 때도 어김없이 함께 식사를 합니다. 50명 정도밖에 되지 않는 인원이지만 그래도 이렇게 많은 식사를 준비하고 함께 먹고 뒷정리까지 하는 일은 보통 어려운 일이 아닙니다.

처음 교회를 방문한 날 등록했던 두 번째 이유는 목사님의 호통이었습니다. 저희 교회는 모든 부서가 주일예배를 함께 드립니다. 한 마디로 전 교인이 예배를 동시에 드리는데요, 예배를 드리던 도중 한 어린이가 목사님 설교시간에 그만 졸고 말았습니다. 저는 그 친구 앞에 앉아 있어서 자는 모습을 보지 못했는데 별안간 목사님의 호통이 청중으로 날아들었습니다. 쉽게 말해 설교시간에 졸았다고 혼난 것이지요. 저희 부부는 깜짝 놀랐습니다. 하지만 목사님께서 왜 그 친구를 혼냈는지

항상 기다려지는 벧엘교회 점심

금방 알 수 있었습니다. 그 호통 속에서 하나님의 말씀을 온전히 듣기를 바라는 마음, 진정한 사랑을 느꼈기 때문입니다.

요즘 시대에 교회에서 목사님께 혼이 난다는 것은 상상조차 할 수 없는 일이 되어버렸습니다. 진짜 가족 같은 관계가 아니면 불가능한 일입니다. 정말로 그 영혼을 생각하지 않으면 할 수 없는 일입니다. 실제로 자리에 앉아계셨던 다른 성도님들도 처음 있었던 일이 아닌 것처럼 대수롭지 않게 넘어가셨습니다. 이처럼 한 친구가 혼나는 모습을 보면서 저희 부부는 우리 교회의 진심을 느낄 수 있었습니다.

음식과 목사님의 호통. 이 두 가지는 지금까지도 계속되고 있습니다. 그리고 그 사이에 저희 부부는 넷째를 낳아 총 6명의 식구가 벧엘교회로 출석하고 있습니다. 저는 집사의 직분을 맡으며 남전도회와 갈렙중창단, 중고등부 보조교사의 역할을 감당하고 있습니다. 인원이 많지 않아 교회 안에서 감당해야 하는 일들이 많이 있지만 모두가 힘을 합쳐 아름다운 공동체를 일구어가고 있습니다.

중고등부 친구들과 함께하는 작업

벧엘교회
토요스쿨의
특별함

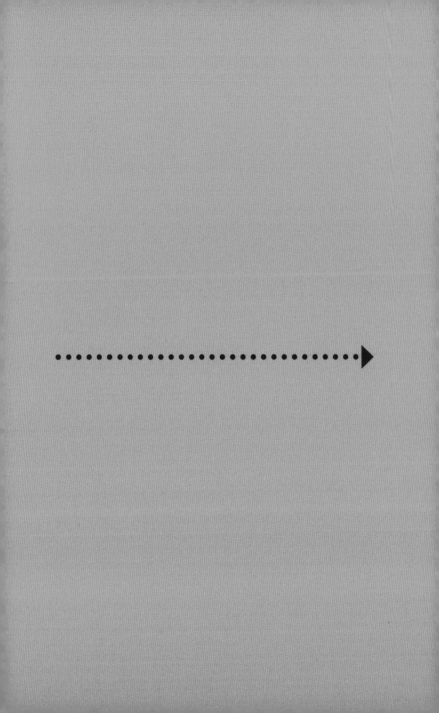

1
주체성

토요스쿨 일정표

이제부터 본격적으로 벧엘교회 토요스쿨이 가진 특별한 점에 대해 이야기를 나누어보도록 하겠습니다. 벧엘교회 토요스쿨은 특별한 행사가 없으면 한 달에 3번 진행합니다. 토요스쿨이라고 하지만 일정은 사실상 금요일 밤부터 시작된다고 볼 수 있습니다. 왜냐하면 대부분의 어린이와 청소년들이 금요철야예배에 참석하기 때문입니다. 10시에 시작되는 금요철야예배가 끝나면 교육관으로 내려와 잠을 잡니다.

벧엘교회는 경기도 양평군 정배리에 있습니다. 아주 외진 곳이라 저희 집에서도 40분 이상 차를 타고 가야 하는 거리입니다. 저희 가족뿐만이 아니라 대부분의 성도님들이 교회를 오시려면 최소 30분에서 1시간가량 운전을 해야 합니다. 그래서 금요예배가 끝나면 아이들은 집으로 가지 않고 교회에서 자면서 다음날 토요스쿨을 준비하는 것이지요. 대부분의 부모님들은 집으로 돌아가고 교장선생님과 식사를 준비해 주시는 분은 금요일에 함께 아이들과 교회에서 머뭅니다.

사실 청소년들 대부분은 금요철야예배의 찬양팀으로 섬기고 있기 때문에 예배가 시작하기 몇 시간 전부터 미리 들어와서 찬양 연습을 합니다. 찬양 연습과 금요철야예배를 마치고 다음날 이어지는 토요스쿨이 끝나도 집에 가지 않습니다. 관현악 연습이 있기 때문이죠. 마찬가지로 대부분의 청소년들은 주일 예배의 관현악단으로 봉사하고 있기 때문에 토요일 오후에는 관현악 연습을 합니다. 관현악 연습을 마친 뒤에는 교회에서 자면서 다음 날 주일 예배를 준비합니다.

	금요일	토요일	일요일
오전		토요스쿨	예배
오후	금요찬양예배 준비	관현악/ 밴드연습	
밤	금요찬양예배	공부/휴식	축구

벧엘교회 토요스쿨 시간표

이처럼 벧엘교회 어린이들과 청소년들은 금요일 저녁부터 일요일 예배가 마칠 때까지 2박 3일 동안 교회에 있습니다. 토요스쿨이 없는 주간에도 관현악 연습은 항상 있기 때문에 적어도 1박 2일은 교회에 있습니다. 이뿐만이 아닙니다. 일요일 밤 9시부터 11시까지는 축구장을 빌려 동네 친구들과 함께 축구도 합니다. 이 엄청난 시간과 물질의 헌신을 자발적으로, 즐겁게 하고 있는 것이 놀라운 점입니다.

공급자와 수요자의 관계가 되어버린 교회

매주 교회에 나오는 것도 벅차 보이는 지금 시대에 어린이와 청소년들이 주말 내내 교회에 있는 이유는 무엇일까요? 그것은 바로 교회가 '내'가 있는 자리이기 때문입니다. 벧엘교회 어린이와 청소년들은 누군가를 위해 토요스쿨에 오지 않습니다. 누군가가 만들어 놓은 프로그램에 참석하는 것이 아니라 본인 스스로 그 자리를 지키기 위해 교회에 옵니다. 이 현상은 아주 중요한 시사점을 우리에게 제공해줍니다.

많은 청소년들이 대학교에 입학하게 되면 교회를 떠나기 때문입니다. 중고등학교 때까지만 하더라도 부모의 손에 이끌려 교회에 오지만, 강제성과 속박이 사라진 대학생이 된 다음에도 신앙을 지키는 경우는 희귀합니다. 왜 이런 현상이 생기는 것일까요? 그것은 바로 '부모의 신앙' 혹은 '목회자들의 신앙'에서 '나의 신앙'이 되지 못했기 때문입니다. 다음 세대 사역을 하는 지도자들은 이 부분에 대한 치열한 고민이 필요합니다. 과연 내가 준비하고 함께하는 예배가 참여하는 각 사람이 진정으로 예수님을 자기의 구주로, 주님으로 받아들일 수 있도록 돕는 예배인가를 돌아보아야 합니다.

제가 보고 경험한 많은 교회들이 이 부분을 놓치고 있었습니다. 주일마다 오는 어린이와 청소년들에게 예배와 다양한 프로그램을 제공하고 있지만 단순히 체험하는 것 이상의 깊이로 들어가지 못하고 있습니다. 가장 큰 이유는 교사들이 모든 것을 준비하고 공급하기 때문입니다. 어린이와 청소년들을 단순한 서비스 이용자 정도로만 취급하고 있습니다. 학생 회장과 부회장, 총무가 있지만 참여에 대한 책임감만 조금

더 느끼는 정도이지 온전한 학생자치가 일어나는 곳을 찾아보기 힘듭니다. 쉽게 말해 교회는 교육 서비스를 제공하는 공급자, 어린이와 청소년들은 제공된 프로그램을 체험하는 수요자의 관계가 되어 버렸습니다.

제가 주일학교에 다닐 때만 하더라도 충분한 수의 교역자가 없었던 시절이었고, 저희 교회도 전도사님이 계시지 않아서 주일 예배 운영과 회원관리를 청소년들이 스스로 했었습니다. 주일 설교 말씀은 목사님께서 해주시거나 장로님과 부장 집사님께서 나누어주셨습니다. 모든 것을 우리가 스스로 했기에 정말 재미있었습니다. 우리가 우리의 모임을 스스로 만들어 간다는 재미는 교회를 자발적으로 올 수 있는 핵심적인 동력이었습니다. 신앙의 밤 행사를 기획하면서 교회에서 밤을 새우며 준비했던 일, 전도집회를 위해 동네에 포스터를 붙이러 돌아다녔던 일, 성탄절 행사 예산을 준비하기 위해 교회 장로님들과 권사님들을 찾아다녔던 일 등 모든 것을 청소년들이 스스로 했습니다. 개인적으로도 그 추억과 경험들은 아직까지도 선명한 기억으로 남아있습니다.

금요 찬양예배

오늘날 교회학교의 모습을 보십시오. 지도자들이 너무 많습니다. 교역자와 교사들이 모든 것을 준비하고 어린이와 청소년들은 단순히 참여만 합니다. 이들이 참여할 수 있는 공간과 여지가 없습니다. 이미 남이 만들어 놓은 판에 내가 할 수 있는 것이 아무도 없는 환경 속에서는 자발성이 생기지 않습니다. 그리고 바로 이 부분이 벧엘교회 토요스쿨이 가지고 있는 특별한 점입니다. 토요스쿨에 오는 벧엘교회 어린이와 청소년들은 누군가가 만들어 놓은 프로그램을 체험하기 위함이 아닌, 본인이 만들어가는 공동체에 동참하기 위해 교회에 옵니다.

주체성의 촉매제, 놀이

사실 벧엘교회 토요스쿨에는 특별한 프로그램이 없습니다. 일정이 촘촘히 짜여 있는 것도 아닙니다. 앞서 보여드린 시간표를 보면 아시겠지만 11시부터 시작되는 예배를 마치고 점심을 먹은 다음에는 완전한 자유 시간입니다. 어린이와 청소년들은 함께 어우러져 신나게 놉니다. 남자아이들이 많기 때문에 운동을 많이 하는 편입니다. 축구는 가장 인기가 높습니다. 축구는 토요스쿨에서도 하지만 주일 예배를 마치고 밤에 따로 모여서 합니다. 인원이 맞지 않아 보통 지역사회 청소년들을 초청해서 함께 뛰는데, 좋은 전도의 방편이 되기도 합니다. 여름에는 수영장에 물을 받아서 수영을 즐기고 겨울에는 눈밭에서 뛰어놀죠.

일요일 저녁 축구경기

그렇다고 계속 놀기만 하는 것은 아닙니다. 공부할 거리도 가져와서 밀린 숙제도 하고, 모르는 것도 서로 물어보며 함께 학업에 정진합니다. 이때 청년부 형, 누나, 언니, 오빠들이 친절하게 가르쳐 주기도 합니다. 예배 시간에 특송이 예정되어 있는 친구들은 삼삼오오 모여 함께 노래를 부르는가 하면, 개인적으로 악기 연습을 하기도 합니다. 성탄 발표회나 교회의 특별한 행사가 있는 날이면 다양한 공연 준비에 여념이 없는 시간들도 있습니다.

놀이는 철저히 '내'가 해야 합니다. 남이 대신 놀아줄 수 없습니다. 내적 동기가 가장 높은 활동 중 하나가 바로 놀이입니다. 놀이는 편안하고 즐거운 자리이면서 동시에 상당한 어려움과 스트레스를 이겨내야 하는 과제이기도 합니다. 하지만 어떤 상황에 놓이든 내가 선택한 일이고, 내가 해야 하는 일이기 때문에 재미있습니다. 에베레스트산을 정복하러 가는 산악인이나, 누가 알아주지 않아도 자신만의 작품을 만들어 가는 장인들을 보면 쉽게 이해할 수 있습니다. 이런 측면에서 우리가 다음 세대와 나누어야 할 것은 어떻게 하면 재미있는 프로그램을 만들어 줄 것인가에 대한 것이 아니라 어떻게 하면 그들이 주인공이 되어 놀이하는 자리에 초대할 수 있을 것인가에 대한 방법입니다.

통계청이 발표한 한국인의 삶의 만족도를 살펴보면, 아동·청소년의 삶의 만족도가 OECD 회원국 중 최하위를 차지하고 있습니다. 10년이 넘는 기간 동안 최하위권을 벗어나지 못하고 있습니다. 이들이 불행한 이유는 간단합니다. 남이 세워준 목표에 따라 살고 있기 때문입니다. 본인들이 선택하지도 않은 '입시'라는 목표 하나를 달성하기 위해 어린이와 청소년 시기의 대부분을 사용하고 있습니다. 입시 이외에 다른 목표를 자발적으로 세워보고 그것을 스스로 달성해 보고 책임져보는 기회가 현격하게 적습니다.

벧엘교회 토요스쿨에서 어린이와 청소년들이 신나게 놀 수 있도록 하는 이유가 바로 여기에 있습니다. 아이들은 놀이 안에서 자신을 발견하고, 놀이를 통해 삶의 주인이 되어보는 경험을 하기 때문입니다. 이렇게 될 때 어린이와 청소년들이 남들과 비교하는 삶에서 벗어나 자기만의 세계를 만들어가 갈 수 있게 되고, 본인만의 행복을 정의할 수 있게 됩니다. 무한 경쟁과 남들과의 비교 속에서 우월감, 혹은 열등감에 휩싸이며 살아가는 청소년들은 놀이를 통해 진정한 자신을 찾아갈 수 있습니다.

이처럼 벧엘교회 토요스쿨이 놀이 중심으로 구성이 된 것은 어린이와 청소년 한 명 한 명을 주인으로 세우고자 함이고, 이러한 과정을 거쳐 '주체적'으로 자라난 친구들은 하나의 인격체로 하나님을 알아가고 하나님과 관계를 맺습니다. 이렇게 형성된 신앙은 남이 만들어 준 것이 아니기 때문에 끝까지 지켜나갈 수 있고, 단단하게 자라서 남들에게도 나누어 줄 수 있는 수준에 이르게 되는 것입니다. 아울러 인간은 영, 혼, 몸으로 구성되어 있는 신비로운 생명체입니다. 놀이를 통해 몸을 실컷 움직여주면 마음이 열리고 영혼이 부드러워지는 것을 자주 봅니다. 이처럼 놀이는 신앙의 성장과 발달에 너무나도 중요한 역할을 합니다.

아이들의 놀이하는 모습

주체성의 역설

신앙생활은 어렵습니다. 저는 그 이유 중 하나가 기독교가 가진 자아 부정성 때문이라고 생각합니다. 성경은 이 세상에 단 한 명의 의인도 없다고 말하고 있으며, 신앙생활의 핵심 원리 중 하나는 자기를 부인하고 십자가를 지는 것입니다. 내 인생의 참 주인이 내가 아님을 고백하는 것이죠. 이처럼 나의 인생이 누군가로부터 주어졌다는 사실을 인정하는 것, 그래서 나의 삶이 나의 것이 아니라는 것, 나는 쇠하고, 작아지고, 낮아지고, 희미해지고, 심지어 죽어야 하는 것, 나는 철저히 무능하고 전적으로 타락한 죄인임을 인정하는 것은 인간의 본성에 완전히 반하는 행동입니다. 생존에 대한 처절한 의지와 욕망으로 뒤덮인 인간에게 삶의 주체가 내가 아니고 그 권리 또한 외부에 있다는 것을 인정하는 것은 괴로운 일을 넘어 불가능한 일이라고 할 수 있습니다.

이처럼 인간의 무능함을 지속적으로 확인하며 매 순간 은혜를 구하는 것이 과연 행복하고 좋은 일일까요? 어떤 사람에게는 그것이 가장 편하고 쉬울 수 있어도 대부분의 사람들,

특히 주체성이 높은 사람들에게는 굉장히 자존심이 상하는 일입니다. 하지만 성경은 하나님의 예정과 예수님의 구속, 그리고 성령님의 인도하심이 모두 인간의 공로가 아닌 하나님의 선물이요 온전한 은혜라고 분명히 말하고 있습니다. 성경의 수많은 이야기들은 아무리 인간이 날고 기어봤자 결국은 하나님의 뜻이 이루어지는 과정을 보여주고 있으며, 이러한 메시지를 반복해서 듣는 것은 결코 유쾌한 일이 아닙니다.

그래서일까요? 그리스도인이라고 자처하는 많은 사람들이 교회 안에서의 생활은 열심히 하지만 교회 밖에서는 무능하고 수동적인 삶의 자세를 견지하기도 합니다. 혹은 이 세상에 있는 모든 것이 안목의 정욕이라고 생각하며 모든 욕구를 억누르며 금욕주의로 흐르기도 하고요. 반대로 성경에 나온 말들은 어차피 지키지 못하는 것들이니 말씀대로 따라 살기를 포기하고 이중적인 태도로 일관하는 경우도 있습니다. 그 어느 것도 건강한 모습은 아니지만 사실 어떻게 해야 할지를 모르기 때문에 이렇게 할 수밖에 없다고 생각합니다.

토요스쿨 예배

"하나님이 다 하셨습니다.", "저는 아무것도 아닙니다." 이런 말들은 믿음의 고백이지만 사실 인간으로서의 삶을 포기하는 선언이기도 합니다. 한 발자국 떨어져서 보면 삶의 주체성과 역동성을 가로막는 독성이 가득 찬 말입니다. 이 때문에 인간을 바라보는 데 있어 죄인이라는 측면도 봐야 하지만 동시에 보시기에 심히 좋았던 하나님의 피조물이라는 측면도 함께 바라볼 수 있는 여유가 필요하다고 생각합니다.

그러므로 어린이와 청소년 사역에 있어서는 그들의 발달 상황과 신앙의 성숙도를 고려한 메시지의 나눔이 필요합니다. 나를 내려놓고, 부인하고, 포기하는 건 내가 온전히 세워진 이후에 가능한 일입니다. 특히 청소년 시기는 자아 정체성을 확립하는 시간이며, 나를 발견해 가는 중요한 과정을 지나갑니다. 이 순서와 단계를 고려하지 않은 채 우리가 죄인인 것만을 강조하거나 모든 것은 하나님께서 하신다는 식의 가르침으로 치우친다면 신앙생활의 주체인 '내'가 사라지게 될 수 있습니다.

신앙생활이라 함은 하나님과 내가 인격적인 관계를 맺는 것입니다. 예수님을 내 삶의 주인으로 삼고 그분과 동행하는 것입니다. 이 모든 것의 전제는 '내'가 해야 한다는 것입니다. 신앙생활은 다른 누군가가 해 줄 수도 없고, 그렇게 해서도 안 됩니다. '나'라는 주체가 온전하게 존재할 때 비로소 하나님과의 관계를 시작할 수 있는 것입니다.

주체성을 키운다는 것

이처럼 신앙생활을 포함하여 인간 성장에 가장 중요한 것이 주체성이기 때문에 저는 어디를 가든지 이 부분을 강조합니다. 교사 연수, 부모교육, 각종 프로그램을 인도할 때마다 '내'가 하는 것이 얼마나 중요한지를 항상 설파합니다. 이때 돌아오는 대답은 보통 "그렇다면 주체성을 향상시키기 위해 어떻게 해야 하는가?"라는 질문입니다. 저는 "주체성을 키우기 위해서 무언가를 하려고 하는 것보다 주체성이 발현되는 것을 막는 장애물을 제거해 주는 것이 더 효과적인 방법이다."라고 대답합니다.

실제로 그렇습니다. 어떤 역량을 개발하고 발전시키기 위해 우리는 목적과 목표를 설정하고 그에 따른 시간과 자원을 투입하곤 합니다. 가령, 사회적 기술을 개발한다고 할 경우, 여기에 맞는 계획을 짜고 강사를 배치하여 프로그램을 진행합니다. 강력한 의지를 가지고 변화를 만들어 내기 위해 무언가를 계속해서 더하는 방식인 것이지요. 물론 이 방법도 틀린 것은 아니겠으나 주체성을 획득하는 것만큼은 오히려 무언가를 하지 않을수록 효과적으로 이루어진다고 생각합니다.

어린이, 청소년들이 주체적으로 자기의 삶을 살아가는 것을 방해하는 것들이 너무나도 많기 때문입니다. 부모의 과잉보호, 입시 위주의 교육 환경, 실수할 기회를 주지 않는 분위기, 공포와 불안을 조장하는 세력, 물질만능주의 등 시간이 갈수록 한 인간이 독립하여 온전히 설 수 있는 자리가 점점 줄어들고 있습니다. "선생님, 저 이거 해도 돼요?", "선생님, 뭐 하고 놀아요?", "선생님 이거 어떻게 해야 해요?"라고 끊임없이 질문하는 학생들을 보며 우리 아이들이 무언가를 직접 결정하고 책임져 볼 수 있는 과정을 거의 겪어보지 못하고 있다는 사실을 뼈저리게 실감합니다.

주체적으로 산다는 것은 자유롭게 산다는 것과 밀접한 관련이 있습니다. 자유는 인간의 당연한 권리임에도 불구하고 현대판 노예로 사는 사람들이 너무나 많습니다. 자유는 권리이기 때문에 사람마다 내재되어 있는 것이고, 이것을 발현되지 못하게 하는 장애물만 제거해 준다면 누구나 자유롭게 살아갈 수 있습니다. 자유는 성경에서도 엄청나게 중요한 개념입니다. 하나님께서 이스라엘 백성들에게 십계명을 주실 때 '나는 너를 애굽 땅, 종 되었던 집에서 인도하여 낸 네 하나님 여호와'라고 스스로를 소개하십니다. (출 20:2) 무엇보다 우리를 죄에서 해방하여 참 자유를 주시기 위해 독생자 예수님을 보내셨습니다. 자유는 하나님의 주된 관심사 중 하나임이 분명합니다.

육아의 최종 목적 또한 '독립', 즉, 한 사람을 주체적이고 자유롭게 기능하는 사람으로 세우는 것입니다. 우리는 부모로서, 지도자로서, 교사로서 주체성의 걸림돌이 되고 있지 않은지 스스로를 돌아보아야 합니다. 주체성의 발현을 방해하는 가장 큰 장애물은 대부분의 경우 '어른들'이기 때문입니다. 어른들의 개입과 통제는 어린이와 청소년들의 발달 과정에 필수적으로 수반됩니다. 하지만 외부에서 주입되는 것과 내부에서 발현되는 것이 적절하게 조화되지 않으면 제대로 된 성장이 일어날 수 없습니다. 그리고 현재 대한민국은 이 조화를 이루어나가는 부분에서 철저하게 실패하고 있습니다.

교회 현장에서 어린이들과 청소년들의 주체성이 흘러나오지 못하도록 방해하는 것이 무엇인지 관찰해 봅시다. 목회자와 교사들의 판단과 태도, 지금 이루어지고 있는 활동들이 정말로 한 사람을 주체적으로 세우는 과정에 도움이 되는 일인지 성찰해 봅시다. 부모나 교사의 신앙이 자기의 신앙인 것처럼 착각하지 않도록, 종교 서비스를 이용하는 소비자가 되지 않도록, 모든 것이 준비된 것 위에 단순한 체험만 하러 오지 않도록 분위기를 조성하는 일은 오롯이 지도자의 몫입니다.

2
자연

예배당 밖으로 펼쳐지는 자연경관

자연의 중요성

벧엘교회 토요스쿨이 가진 두 번째 차이점은 바로 자연입니다. 앞서 말씀드린 대로 저희 교회는 경기도 양평군 외딴곳에 떨어져 있습니다. 처음에 교회에 갔을 때 가장 놀랐던 것이 바로 위치였습니다. 내비게이션에 표시되지도 않은 가파른 산길을 올라가야만 비로소 예배당이 보입니다. 산 중턱에 위치한 예배당에서 내려다본 경치는 이루 말할 수 없이 아름답습니다. 계절의 미세한 변화를 관찰하기에 더없이 좋습니다.

예배당이 자연 속에 있는 것만으로도 벧엘교회 토요스쿨에서 할 수 있는 것들을 무궁무진하게 만들어줍니다. 한 발자국만 걸어 나가면 펼쳐지는 풍경 속에서 어린이와 청소년들은 자연과 친구가 됩니다. 곤충을 잡기도 하고 흙과 모래를 가지고 놀거나 계곡 탐험을 가기도 합니다. 이런 활동들이 어린이와 청소년들의 정서발달에 긍정적인 영향을 주는 것은 두말할 것도 없습니다. 그저 자연 속에 있는 것만으로도 신체적, 정신적, 영적 건강함이 생겨나는 것을 수없이 봅니다.

자연이 주는 가장 큰 장점은 어린이와 청소년으로 하여금 자기가 살아있는 생명임을 자각시켜 준다는 것입니다. 생명(生命)은 말 그대로 하나님께서 주신 살아가라는 명령인데 우리의 어린이와 청소년들은 종종 자신이 얼마나 소중한 생명인지 잊고 지낼 때가 많습니다. 그 이유 중 하나가 자연에서 멀어졌기 때문입니다. 산업화, 도시화가 진행되면서 자연환경에 노출되는 빈도가 급격히 줄어들었고, 생명의 보고인 살아 숨 쉬는 자연과의 만남이 단절된 것입니다. 생명은 다른 생명의 만남 속에서 자신이 생명임을 자각합니다. 10년이 넘도록 청소년 사망원인 중 자살이 1위를 차지한 것도 이 사실과 깊은 관계가 있습니다.

기독교 교육에서도 자연은 매우 중요한 매개체이며 배움이 일어나는 장소이기도 합니다. 제가 몸담고 있는 청소년과 놀이문화 연구소에서 가장 중요한 사역은 바로 기독교 캠핑입니다. 저는 매년 여름과 겨울 방학 동안 진행하는 메아리 캠프를 통해 자연 그 자체가 주는 힘을 항상 목도합니다. 성경 곳곳에도 하나님께서 자연을 통해 본인의 뜻을 드러내신다는 것을 볼 수 있습니다. 자연 자체가 하나의 위대한 프로그램이 됩니다. 이런 측면에서 어린이와 청소년들을 자연 속으로 데려가는 것은 교회가 특별함을 제공하는 가장 쉽고 빠른 방법이기도 합니다.

'자연 결핍 장애(Nature Deficit Disorder)'라는 질환이 있습니다. 자연 속에서 지내는 시간을 거의 갖지 못해서 생기는 불안, 주의산만과 같은 신체적, 정신적 질환을 말합니다. 교육현장에 관심이 있는 분들은 실감되시겠지만 지금 어린이, 청소년들 중에 불안, 공황장애, ADHD 등과 같은 질환으로 약을 복용하는 비율이 지속적으로 증가하고 있습니다. 이러한 현상의 중요한 원인 중 하나가 바로 자연과의 접촉이 부족하기 때문입니다. 자연 결핍 장애로 인해 생겨나는 높은 스트레스와 피로, 집중력 및 면역력 저하, 육체적·정신적 질병의 발병률 증가 등으로 많은 학생들이 고통받고 있습니다.

학교에서 프로그램을 의뢰받아서 자연에서 캠프를 하게 되면 놀라운 일들을 많이 경험하게 됩니다. 고등학교 2학년이 되도록 밤 하늘의 별을 직접 보지 못했던 친구도 있었고, 태어나서 처음으로 나뭇가지를 꺾어 모닥불을 피워 본 친구도 있었습니다. 모기가 아닌 벌레에 처음으로 물려봤다고 하는 사례도 있더군요. 이처럼 우리나라 청소년들은 자연을 경험할 기회가 점점 줄어들고 있고, 이는 이들의 행복감과도 직결됩니다. 자연과 접촉을 많이 한 아이들일수록 그렇지 않은 아이들보다 훨씬 더 많은 행복을 느끼기 때문입니다.

하나님께서 인간을 만드시기 이전에 자연을 먼저 창조하셨다는 사실을 기억해야 할 필요가 있습니다. 산과 바다, 해와 별, 식물과 동물들을 먼저 만드시고 우리 인간들을 살게 하셨습니다. 인간에게 있어 하나님과의 만남, 그리고 다른 사람들과의 만남못지 않게 중요한 것이 자연과의 만남입니다. 자연과의 만남이 잦을수록 더욱 자연을 사랑하게 되고, 생태 보존, 지속 가능한 세계 등에 더 큰 관심을 기울이며 자연친화적으로 성장하게 됩니다. 궁극적으로는 하나님께서 창조하신 세계에 대한 감사함을 깨닫게 되는 것입니다.

이번 주에 당장 교회 근처에 있는 공원에라도 나가보시기 바랍니다. 건물 밖을 나오는 순간 어린이와 청소년들은 색다름을 느낄 수 있습니다. 굳이 무언가를 하지 않아도 됩니다. 밖에 나와서 하나님께서 만드신 자연을 바라보고, 만져보고 느끼는 것만으로도 충분합니다. 자연 속에서 혼자만의 시간을 갖게 하는 것도 좋은 방법입니다. 지금까지는 어린이와 청소년들에게 무언가를 주입하고 채워 넣으려고만 했다면, 자연 속에서 스스로를 돌아보고 내면의 힘을 꺼내보는 시간과 여유도 함께 주어야 할 것입니다.

자연을 극복하며 얻는 힘

이 글을 읽으시는 많은 분들 중에 다음 세대가 신체적으로나 정신적으로 이전 세대들보다 더 많이 약해졌다는데에 공감하시는 분들이 많으시리라 생각됩니다. 물론 강하고 약한 것은 상대적인 개념이라 사람마다 측정하고 받아들이는 수준이 각기 다르겠지만 고난과 어려움을 이겨내는 것, 자기의 안전지대를 벗어나 도전해 보는 것, 새로운 길을 개척해 나가는 것에 있어 우리의 다음 세대는 많은 기회를 갖지 못하고 있다는 생각이 듭니다.

편안함을 찾을 수 있는 방법이 너무나 많아졌습니다. 침대에 누워 스마트폰을 켜면 2~3시간이 훌쩍 넘어갑니다. 시간과 노력을 들여 책을 읽는 것보다 영상 한 편을 보는 것이 훨씬 쉽고, 영상 한 편을 보는 것보다 요약본이나 숏폼 콘텐츠를 보는 쪽이 훨씬 편합니다. 정보 통신과 기술의 발달로 많은 정보들이 손쉽게 얻어지고 큰 수고를 하지 않아도 만족감을 얻을 수 있는 시대가 열린 것입니다. 터치 몇 번이면 음식이 배달되고, 직접 영화관에 가지 않아도 영상매체가 주는 즐거움을 고스란히 느낄 수 있습니다.

이러한 환경 속에서 우리의 어린이와 청소년들이 무기력함에 빠지는 것은 너무나 당연한 일일지도 모릅니다. 몸을 움직일 기회가 적어지다 보니 운동 부족에 시달리고 체력이 약해집니다. 체력이 약해지다 보니 만사가 귀찮아지고 하고 싶은 일이 생겨도 체력 부족으로 할 수 없게 되죠. 이 악순환의

가을 정취가 느껴지는 벧엘교회 추모공원

고리가 반복되면 무기력함에 빠지게 되고 종일 침대에 누워 스마트폰을 보는 일밖에는 할 수 없게 되는 것입니다. 그리고 그것이 좋아지는 지경에 이르게 되는 것이죠.

과거 우리의 생활 터전이 대부분 자연환경이었을 때 우리는 자연을 극복하면서 살아가야 했었습니다. 더위와 추위를 이겨내야 했고, 자연 속에서 먹을거리를 구하기도 했으며, 산과 들을 개척해 나가야 했었습니다. 이 과정에서 우리는 삶의 어려움들을 헤쳐나갈 힘과 용기를 얻었습니다. 자연에서 멀어지면서 이러한 야성(野性)을 기를 곳이 사라져버렸습니다. 알다시피 우리의 인생길은 쉽지 않습니다. 그 누구도 어떤 미래가 다가올지 알 수 없으며 예상치 못한 사고와 여러 가지 고통이 우리 앞에 놓여 있습니다. 하지만 편안함이라는 늪에 빠진 우리의 다음 세대는 어려운 인생길을 헤쳐나갈 충분한 준비가 되어 있지 않습니다.

특히 우리나라 교육 현장에서 '안전'은 건강한 방법으로 적용되고 있지 않습니다. 바로 위험한 모든 것을 제거하는 방향으로 나아가고 있기 때문입니다. 약간의 위험, 갈등, 고난이 있으면 그것을 아예 하지 않는 경우가 많습니다. 하지만 청소년 활동·교육 현장에 100% 안전한 일은 없습니다. 가장 안전한 방법은 본인 스스로가 위험의 정도를 감지하고 예방하는 것인데, 이 능력을 획득할 기회를 갖지 못하고 있습니다. 가령, 5층짜리 계단이 있고, 몇 층에서 뛰어내렸을 때 안전한지를 판단하기 위해서는 1층부터 한 계단씩 직접 뛰어내려야 합니다. 그 과정을 통해 스스로가 몇 층 계단에서 뛰어내려야 안전한지를 알게 되는데, 우리는 지금 어린이, 청소년들에게 계단에서 뛰어내릴 기회조차 주지 않고 있는 것입니다.

국가에 대형사고가 터지면 수학여행, 극기훈련, 체험학습 등 관련된 청소년 활동이 모두 중단이 됩니다. 프로그램 중에 조금만 다치거나 흉터가 생겨도 학부모들이 담당자들에게 책임을 묻거나 심지어 소송까지 겁니다. 친구들끼리 조금이라도 관계가 틀어지거나 갈등이 일어나면 요즘 말로 서로 '손절'합니다. 우리의 다음 세대들은 이와 같이 신체적·정서적 어려움과 갈등, 위험과 고난을 극복할 수 있는 기회를 잃어가고 있습니다.

우리나라 청소년들의 자살률이 이토록 높은 것도 이와 무관하지 않다고 생각합니다. 편안함을 추구하고 어려움을 회피하는 태도는 내면의 힘을 약화시키고, 인생에서 반드시 찾아올 수밖에 없는 고난의 파도를 이겨내지 못하는 것입니다. 이 때문에 우리는 더욱더 어린이와 청소년들을 자연과 만날 수 있게 해주어야 합니다. 벧엘교회 토요스쿨에서 우리 아이들을 들판을 뛰어다니고, 산을 오르내리며, 비탈길을 구르고, 계곡을 탐험합니다. 그 과정에서 다치기도 하고 상처를 입기도 하지만 동시에 앞으로 다가올 위험과 어려움을 극복해 나갈 지혜를 얻기도 합니다. 이처럼 자연이 가지고 있는 힘은 우리 자녀들에게 엄청난 성장을 가져다줍니다.

하나님을 아는 지식에도 필요한 자연

메라비언(Mehrabian)의 법칙이 있습니다. 미국 캘리포니

아대학교 심리학자인 앨버트 메라비언(Albert Mehrabian)이 발표한 이론으로 상대방에 대한 인상이나 호감을 결정하는 데 있어서 시각적 요소(용모, 표정, 제스처)와 청각적 요소(발음, 억양, 톤)가 말의 내용(메시지)보다 훨씬 더 큰 영향을 준다는 이론입니다. 커뮤니케이션 영역에서 자주 등장하는 이론인데요, '복음'을 소통해야 하는 교회에도 많은 시사점이 있는 가르침이라 생각됩니다.

왜냐하면 많은 목회자들이 매주 복음을 전할 때, 그 내용에만 집중하는 경우가 많기 때문입니다. 메시지의 내용에만 신경 쓰다 보니 메시지가 어떻게 전달되는가를 놓치고 있는 것이지요. 물론 메시지의 내용은 매우 중요합니다. 잘못된 지식과 정보를 전달하는 일이 있어서는 안 되니까요. 하지만 메라비언의 법칙처럼 메시지는 그 자체만으로 다른 사람들에게 전달되지 않습니다. 메라비언은 메시지의 내용이 차지는 비중은 7% 정도밖에 되지 않는다고 했습니다.

제가 기독교 교육에서 자연이 필수적이라고 주장하는 것도

자연에서 뛰어노는 아이들

여기에 이유가 있습니다. 성경의 모든 말씀은 하나님의 말씀이지만, 하나님의 모든 말씀이 성경에만 적혀있지 않습니다.

> 하늘이 하나님의 영광을 선포하고
> 궁창이 그의 손으로 하신 일을 나타내는도다
> (시편 19:1)

> 여호와여 주께서 하신 일이 어찌 그리 많은지요
> 주께서 지혜로 그들을 다 지으셨으니
> 주께서 지으신 것들이 땅에 가득하니이다
> (시편 104:24)

시편 기자의 고백처럼 자연은 언어적인 메시지로 우리에게 말하지 않습니다. 따라서 어린이와 청소년들은 자연 속에 계시된 창조주 하나님의 뜻을 발견할 기회를 더욱 많이 가져야 합니다. 자연과의 만남이 빈번해질수록 하나님을 아는 지식도 더욱 커져갈 것이기 때문입니다.

참으로 안타까운 것 중 하나가 교회의 목회자들과 설교자들이 성경의 말씀을 가르치고 전한다는 것의 의미를 너무 좁혀서 생각할 때가 많다는 것입니다. 성경을 연구하고 말씀을 상고하는 것이 중요하지 않다고 말하는 것이 아닙니다. 예수님께서 이 땅에 오셔서 공생애 사역을 하실 때 말씀만 전하지 않으셨습니다. 제자들과 함께 먹고 지내고, 다수의 군중들과 다양한 소통을 하며 삶으로 복음을 전하셨습니다. 때로는 기적을 베풀기도 하셨고, 함께 여행을 다니기도 하셨으며, 다양한 잔치와 행사에도 모습을 드러내셨습니다.

말씀을 가르치실 때도 많은 비유를 사용하셨는데, 예수님의 비유에는 다양한 종류의 자연이 등장합니다. 공중 나는 새, 들에 핀 백합화, 알곡과 가라지, 무화과나무, 잃어버린 양, 빛과 소금 등 모두 주변에서 쉽게 볼 수 있는 것들이었습니다. 이런 차원에서 우리가 다음 세대와 복음을 나눌 때 지금 하고 있는 방법만이 유일한 길인지, 최선의 길인지를 자문해야 합니다. 복음 그 자체이신 예수님께도 다양한 방법을 사용하셨습니다. 구약의 말씀을 풀어 가르치시기도 하셨지만 많은 부분 사람들과 긴밀하게 소통하며 천국의 복음을 나누어주셨습니다. 우리는 자연 또한 하나님의 피조물인 것을 다시 한번 생각하며, 어떻게 복음을 전할지 깊게 고민해야 합니다.

뉴질랜드 국제 교류캠프를 다녀와서

매년 겨울, 저는 청소년들과 함께 뉴질랜드에 다녀옵니다. 보름 정도 되는 기간 동안 현지에 있는 캠프에 참석하고, 다양한 문화체험을 하고 돌아오는 일정입니다. 제가 일하고 있는 청소년과 놀이문화 연구소에서 진행하는 청소년 국제 교류캠프를 통해 진행하고 있는 프로그램입니다. 우리나라는 겨울방학이 상대적으로 길어서 가장 추운 1월에 따뜻한 남반구인 뉴질랜드에 가는 것은 그 자체만으로 설렘을 줍니다.

중학교, 고등학교 친구들이 보통 6~10명 정도의 작은 집단을 이루어 캠프를 다녀옵니다. 그리고 이 캠프에서는 엄청난 일이 벌어집니다. 가장 큰 변화는 진정한 자아를 만난다는 것입니다. 낯선 환경에서 다른 문화와의 비교를 통해 내가 누구인지를 깨닫게 되죠. 그러다 보면 자연스럽게 주체성과 주도성이 생겨나고 모든 일에 적극성을 발휘하기 시작합니다. 물론 이 과정에서 오는 혼란과 반항심도 당연히 따라오게 됩니다. 하지만 청소년을 지도하는 저로서는 이 모든 것을 보는 것만으로도 큰 기쁨이었습니다. 학교에 가서 마주하는 친구들은 스마트폰에 노예가 되어 있거나 생활에 활력이 없는 청소년들이 대부분이었으니까요.

이뿐만이 아닙니다. 새로운 자아를 발견한 청소년들은 다른 사람들과의 관계 맺는 방법도 배우게 됩니다. 먼저 인사를 하게 되고, 새로운 관계를 갖는 것에 두려움이 없어집니다. 바로 이것이 국제 교류캠프를 가는 주된 이유입니다. 뉴질랜드에서 청소년들은 자유함을 느끼고 현지인들의 따뜻함을 통해 행복하고 즐거운 경험을 갖습니다. 그리고 이 모든 것을 가능하게 해주는 것이 바로 뉴질랜드의 자연입니다. 자연경관이 뛰어나고 환경보호에 대한 의식이 매우 강하게 자리 잡혀 있는 뉴질랜드의 자연은 거기에 있기만 해도 그 신비와 아름다움에 압도됩니다. (참고로 뉴질랜드에 입국하는 모든 외국인들은 환경 보호금을 반드시 지불해야 합니다.)

뉴질랜드 국제교류 캠프

　자연 속에 있다 보니 불편한 것도 많습니다. 더위, 습기, 벌레, 피로와 싸워가며 생존 기술을 익혀야 하기 때문입니다. 등산, 래프팅, 트래킹 등 자연 속에서 이루어지는 활동들은 온몸에 땀이 나게 하고, 몸을 지속적으로 움직일 수밖에 없게 만들어

줍니다. 하지만 이런 불편함을 이겨내는 과정을 통해 신체적, 정신적 성장이 일어나는 것은 물론, 평소에 가지고 있던 걱정, 불평불만, 잡념이 사라지게 되어 자유로움을 만끽하게 됩니다.

온 산을 뒤덮은 반딧불이, 눈부시게 파란 하늘, 깨끗하고 맑은 공기, 끝없이 펼쳐진 목초지를 바라보고 있으면 그 누구라도 마음이 편안해지고 여유로워집니다. 빌딩 숲과 아스팔트 길을 벗어나 아름다운 자연 안에서 좋은 사람들과 보름 동안 지내는 경험은 이들의 삶에 변곡점이 되기에 충분합니다. 캠프를 마친 친구들과 이야기를 나누어보면 공통적으로 하는 말 중 하나가 '사소한 것에 목숨 걸지 않게 되었다'는 것입니다. 한결 마음이 여유로워지고, 남과의 비교에서 벗어나게 되었다는 반증이기도 합니다. 이처럼 뉴질랜드 국제 교류캠프는 많은 청소년들에게 변화를 이끌어 내고 있고 그 중심에는 하나님께서 창조하신 자연이 있습니다. 이처럼 자연의 중요성은 우리 다음 세대 교육에 있어서 아무리 강조해도 지나치지 않습니다.

3

공동체

세대 통합 예배

벤엘교회 토요스쿨은 인원이 많지 않습니다. 어린이와 청소년들이 모두 모여도 15명 남짓 되는 작은 모임입니다. 대부분의 친구들은 형제자매와 함께 교회에 다니기 때문에 실질적으로는 몇몇 가정이 모인 형세입니다. 여기에 더해 매주 2박 3일, 적어도 1박 2일씩 함께 지내니 가족보다 더 끈끈한 모임이 됩니다. 주일예배는 전 세대가 같이 드리는 연합예배입니다. 부서에 따라 예배시간을 따로 나누지 않습니다.

세대 통합 예배가 가능한 이유는 토요스쿨 예배시간이 따로 있기 때문입니다. 토요스쿨 예배 시간에는 어린이, 청소년들의 삶의 맥락에 기반한 설교가 이루어집니다. 말씀은 목사님과 전도사님, 권사님들께서 나누어주시지만 예배 준비와 섬김은 모두 어린이와 청소년들의 손에서 이루어집니다. 사회, 찬양인도, 헌금 등을 담당하는 예배 위원들이 있고, 벤엘교회 친구들은 이 일을 즐겁고도 책임감 있게 해내고 있습니다.

여러 해 동안 관찰해 보니, 벤엘교회 토요스쿨의 예배와 주일 세대 통합 예배는 아주 좋은 조화를 이루고 있습니다. 토요일은 자기들끼리 모여 말씀을 배우고 적용해 보는 시간을 갖고, 주일에는 부모님과 함께 말씀을 듣고 공부하며 신앙이 무럭무럭 자라나는 것을 봅니다.

> 오늘 내가 네게 명하는 이 말씀을 너는 마음에 새기고
> 네 자녀에게 부지런히 가르치며
> 집에 앉았을 때에든지 길을 갈 때에든지
> 누워 있을 때에든지 일어날 때에든지 이 말씀을 강론할 것이며
> 너는 또 그것을 네 손목에 매어 기호를 삼으며
> 네 미간에 붙여 표로 삼고
> 또 네 집 문설주와 바깥 문에 기록할지니라
> (신 6:6-9)

무엇보다 벧엘교회는 지도자를 세우는 것부터 다릅니다. 신임 전도사가 어린이 부서를 맡는 것이 아니라 가장 연륜 있고 아이들을 사랑하는 베테랑 교장 선생님이 토요스쿨을 맡고 있습니다. 목사님께서는 아예 우리 교회가 다음 세대를 위한 곳이라고 공언하실 만큼 다음 세대를 위해 모든 자원을 최대한

벧엘교회 주일예배

으로 투자하십니다. 성도님들도 한마음 한뜻으로 자기의 자녀들을 키우듯이 사랑하며 돌보십니다.

대부분의 주일학교는 어떠한가요? 일주일에 한두 시간 정도 시간을 같이 보낼 뿐입니다. 공동체를 세워가기 위해서는 최소한의 시간이 확보되어야 함에도 불구하고 함께 보낼 시간을 확보하는 것조차 힘이 듭니다. 3일 넘게 지속되는 수련회는 찾아보기가 힘들고 단 하루의 시간을 맞추는 것도 쉽지 않습니다. 코로나 이후에는 이러한 현상이 훨씬 심해졌습니다. 어린이와 청소년들은 함께 교회에 오는 지체들과 왜 친해져야 하는지, 성도의 교제가 어떤 것인지, 공동체가 왜 중요한 것인지 배울 기회를 박탈당하고 있습니다.

공동체의 중요성

공동체는 왜 중요할까요? 그것은 공동체가 교회의 본질이기 때문입니다. 교회의 정의는 예수님이 머리가 되시고 성도들이 지체가 되어 한 몸을 이루는 연합체입니다. 아주 간단히 말하면 예수님의 몸이라고 할 수 있습니다. 함께 세워나갈 공동체가 없다면 굳이 교회에 나올 필요가 없을 것입니다. 개인적으로 하나님과 교제하면서 유튜브에서 나오는 설교를 듣고 하나님의 말씀을 따라 살아가려고 노력하면 그만입니다.

무엇보다 성부, 성자, 성령의 삼위일체이신 하나님께서 공동체로 일하십니다. 이처럼 하나님께서는 공동체를 통해 일하시고, 공동체를 가치있게 여기십니다. 우리 인간들에게도 공동체는 필수입니다. 기독교에서 공동체는 아무리 강조해도 지나치지 않으며, 공동체의 중요성은 저뿐만이 아니라 많은 학자들과 사역자들도 동의하는 부분입니다. 따라서 우리는 다음 세대를 위해 지금보다 훨씬 더 많은 시간과 노력을 들여서 올바른 공동체 경험을 나누어주어야 합니다. 더불어 함께 살아가는 방법 말입니다.

하지만 이것은 말이 쉽지 현실에서 올바른 공동체를 구현하기는 정말로 어려운 일입니다. 왜냐하면 사역자들과 지도자들조차 제대로 된 공동체 경험이 많지 않기 때문입니다. 시대적으로도 우리는 점점 더 갈등을 극복하고 해결해 가는 지혜를 잃어가고 있습니다. 학교에서도 다툼이 일어나면 당사자들끼리 해결하는 것이 아니라 부모를 거쳐 학교 전담 경찰관과 함께 위원회에서 해결해야 하는 상황입니다. 심지어 학교 폭력 상황에서는 담임선생님도 개입할 수 없습니다. 갈등이 생기면 해결하고 극복하기보다는 상황 자체를 회피하거나 갈등을 일으키는 요소를 제거하는 방식으로 접근합니다. 그러다 보니 세대가 내려갈수록 공동체를 훈련하고 실험해 볼 기회들이 박탈당하고 있습니다.

공동체를 세워가는 것은 이론으로 되는 것이 아닙니다. 공동체에 속한 당사자들이 치열하게 부딪히고 훈련하는 과정을 지나야 합니다. 잠언의 말씀처럼 철이 철을 날카롭게 하는 것 같이 사람이 사람을 부드럽게 만들어주는 것입니다. (잠 27:17) 그래서 어렵고 많은 시간을 필요로 하는 것입니다. 아울러 공동체는 '나'와 '너'의 독립된 만남입니다. 주체성을 지닌 독립된 개인 간의 만남입니다. 우리나라 사람들은 이 부분에 대한 경험이 극히 부족합니다. 단일민족의 문화를 가지고 있고, 개

자발적으로 예배를 준비하는 벧엘교회 친구들

인의 개성보다는 공동의 목적이 우선되는 방향으로 교육받아 왔기 때문에 독립적인 '나', 주체적인 '나'에 대한 개념이 상대적으로 적게 형성되어 있습니다.

흔히 같은 유니폼을 입고 있으면 공동체가 저절로 된다는 착각에 빠지지만 이것은 사실이 아닙니다. 같은 옷을 입고 있다고 해서 공동체가 되는 것이 아닙니다. 한 공간 안에 있고, 붙어 있다고 해서 공동체가 저절로 세워지지 않습니다. 공동체 이전에 한 개인이 온전한 사람으로 서야 하고, 이러한 개인들이 모여 주님의 몸 된 교회를 만들어 가는 것입니다. 여러 번 강조하지만, 이 과정은 절대 짧은 시간 안에 이루어지지 않으며, 생각과 말이 아닌 우리가 직접 행함으로써 가능합니다.

너무 거창하고 추상적으로 설명했지만 올바로 서 있는 공동체를 보면 그 모습은 매우 단순합니다. 공동체에 속해 있는 사람들이 행복합니다. 그 공동체를 사랑합니다. 공동체에 계속 오고 싶어 하고, 기꺼이 자기가 가진 것을 내놓고 싶어 합니다. 마치 초기 교회의 모습처럼 말이죠. 사도행전에 등장하는 초기 교회는 복음에 대한 열정이 넘쳤고 성도가 서로 뜨겁게 사랑했습니다. 과연 우리의 다음 세대가 이러한 경험을 하고 있는지, 이런 교회를 다니고 있다고 생각하는지 우리는 돌아보아야 할 것입니다.

역할 갈등을 극복하기 위하여

성경에서 우리의 신분은 여러 가지로 정의됩니다. 자녀, 종, 친구, 제자, 제사장, 군사, 지체, 택한 자들, 신부, 심부름꾼, 편지, 향기, 백성 등 그리스도인을 묘사하거나 그 역할과 신분에 대해 설명해 주는 단어만 해도 10개가 족히 넘습니다. 이 때문에 믿는 자들에게는 필수적으로 역할 갈등과 혼란이 생길 수밖에 없는데, 각각의 신분과 직책에 대한 충분한 이해와 경험이 없으면 무엇을 어떻게 해야 할지 모르는 상황이 항상 생기기 마련입니다.

저 역시 아내의 남편으로, 자식들의 아버지로, 부모님의 아들로, 연구소의 간사로, 기관의 회장과 교회의 지체로 다양한 역할을 수행하며 살고 있지만 몸은 하나이고 주어진 시간은 한정되어 있기 때문에 그 안에서 벌어지는 수많은 갈등과 어려움은 아직도 저에게 많은 혼란을 줍니다. 마찬가지로 하나님과 동행하는 신앙생활에서 어떨 때는 아들로, 어떨 때는 신부로, 어떨 때는 종으로, 어떨 때는 친구로, 어떨 때는 군사로서의 역할을 감당하는 것은 절대로 쉬운 일이 아니지요. 우리는 각각의 역할이 무엇인지, 그리고 그것을 어떻게 수행해야 하는지에 대해 충분히 이해하고 있지 못할뿐더러 어떤 자세와 태도를 갖춰야 하는지에 대한 모델은 성경에서 읽어보기만 했습니다. 이처럼 알지 못하고 경험하지 못한 것을 실현해야 하는 상황은 사람을 힘들게 하기에 충분합니다.

공동체가 필요한 또 하나의 이유가 여기에 있습니다. 역할 갈등의 간극을 공동체를 통해 줄일 수 있기 때문입니다. 고린도전서 12장에는 공동체를 설명하는 사도 바울의 탁월한 묘사가 나옵니다.

"은사는 여러 가지나 성령은 같고 직분은 여러가지나 주는 같으며 또 사역은 여러가지나 모든 것을 모든 사람 가운데서 이루시는 하나님은 같으니 … 만일 한 지체가 고통을 받으면 모든 지체가 함께 고통을 받고 한 지체가 영광을 얻으면 모든 지체가 함께 즐거워하느니라. 너희는 그리스도의 몸이요 지체의 각 부분이라"

(고전12:4-27)

하나님께서 각 지체마다 다른 직분과 은사를 주시고 공동체 안에서 역사하시는 것을 볼 때 우리는 하나님을 훨씬 더 종합적으로 이해할 수 있게 됩니다. 크고 위대하신 하나님을 우리 인간이 아주 조금이나마 이해할 수 있다는 것 자체가 큰 은혜입니다. 하지만 우리는 내가 알고 있는 하나님, 내가 경험한 하나님, 내가 만난 하나님만 진짜 하나님으로 믿고 있는 때가 많이 있습니다. 이 역시 일종의 역할갈등에서 비롯된 오류라고 생각합니다. 그리고 이러한 자세와 태도는 우리의 이웃에게 오해와 상처를 주기도 합니다.

함께 있을 때 행복한 벧엘교회 어린이들

네 아이를 키우다 보면 힘들 때도 있지만 보람되고 많은 위로를 얻을 때가 더욱 많습니다. 자녀를 양육하면서 하나님의 마음을 조금이라도 더 알게 되었다는 부모들의 고백을 들어보신 분들도 많으리라 생각됩니다. 저 또한 마찬가지입니다. 어느 날 고집이 센 막내가 떼를 쓰면서 오랜 시간 울고 있길래 제가 크게 혼을 내며 훈육을 한 적이 있었습니다. 막내 입장에서는 아버지가 도무지 이해가 되지 않았을 겁니다. 그래서 더욱 크게 울면서 서러움을 온몸으로 표현하더라고요. 그때 첫째와 둘째가 막내를 달래주면서 아빠가 왜 혼냈는지를 자세히 설명해 주는 것이었습니다. 그제야 막내도 울음을 그치며 아빠에게 와서 잘못했다고 한 적이 있었습니다.

저는 이때 공동체가 왜 필요한지 다시 한번 절감할 수 있었습니다. 형제들이 함께하면서 부모에 대한 이해가 높아지는 것과 같이, 우리 그리스도인들도 형제, 자매로 함께 하면서 하나님이 누구인지 더욱 깊이 깨달아 갈 수 있습니다. 이를 통해 자연스럽게 역할 갈등이 극복되고 하나님과의 관계 또한 친밀해지는 것입니다.

스마트폰을 이길 수 있는 프로그램

청소년 지도자로 있다 보면 항상 청소년들과 즐거운 시간을 보내기 위해 새로운 프로그램과 도구를 개발하는 데 시간을 많이 쏟게 됩니다. 개인적으로 저의 목표는 오래전부터 스마트폰을 이길 수 있는 프로그램을 만드는 것이었습니다. 다양한 시도가 있었으나 안타깝게도 그 목표를 아직까지 이루지 못하고 있습니다. 그만큼 스마트폰이 가지고 있는 힘은 강력합니다. 저는 청소년 교육과 지도에 가장 방해가 되고 있는 요인이 스마트폰이라고 생각합니다. 스마트폰이 제공하는 쾌락은 너무나 강렬해서 우리나라 청소년의 40%가 스마트폰 과의존 위험군에 있습니다. 어떤 학자들은 스마트폰 중독의 위험성을 마약중독과 같은 수준으로 보고 있습니다.

공동체성 상실, 사회성 하락, 더불어 사는 가치의 훼손 등 교육 현장에서 호소하고 있는 어려움들을 스마트폰이 가속화시키고 있습니다. 스마트폰이 생겨나면서 자기만의 섬이 생겨나게 되었고 그 섬 안에서 홀로 살 수 있다는 착각 속에 살게 되었습니다. 날마다 SNS에 올라오는 게시글을 탐닉하며 끊임없이 남과 나를 비교하는 과정 속에 심리적 박탈감이 커져 갑니다. 조금의 심심함도 참지 못하고 몇 시간이고 동영상과 숏폼 콘텐츠를 보는데 수많은 시간을 낭비합니다. 절제 있게 사용하면 정말 유용한 도구가 되지만 발달 단계상 어린이와 청소년들은 스스로 자제하는 능력이 떨어질 수밖에 없습니다. 스마트폰 중독률이 높은 것은 어찌 보면 당연한 결과입니다.

상황이 이러하다 보니 학교, 교회 등 모든 교육기관에서 스마트폰과의 전쟁을 벌이고 있습니다. 저희 기관도 예외는 아닙니다. 싸운 친구와 다시 잘 해보자고 화해를 권장하면 "그럴 필요 없어요, 저는 스마트폰 보면 돼요!"라며 쉬운 길을 택하기가 일쑤입니다. 더불어 사는 방법을 배우지 않으면 나중에 인생이 어려워질 수 있다는 말에도 비슷한 반응을 보입니다. 스마트폰이 심리정서적 회피처가 되어버린 것입니다.

스마트폰은 우리나라 청소년들의 운동 부족 현상 또한 가속화시키고 있습니다. 2019년 세계보건기구(WHO)가 발표한 결과에 따르면 한국 청소년의 권장 운동량 미달 비율은 94%

인데, 이는 세계 청소년 운동량 최하위입니다. 여학생의 경우는 그 비율이 97%로 100명 중 3명만 권장 운동량을 충족하고 있는 실정입니다. 한국 10대의 운동량은 현재 70대보다 낮은 수준으로 그 문제가 정말 심각합니다. 다양한 원인이 있겠으나 누워서 휴대폰 하는 것을 가장 좋아하는 청소년 여가문화가 가장 큰 이유일 듯합니다.

결론적으로 말해 본다면 저는 이 스마트폰을 이길 힘은 결국 어떠한 프로그램이나 교보재가 아닌 사람들, 즉, '공동체'밖에 없다고 확신합니다. 이는 지금까지 제가 수많은 청소년들과 다양한 활동을 통해 공동체를 세워가는 작업을 해 오면서 확인한 사실입니다. 기억을 되짚어 우리 인생 최고의 순간과 최악의 순간을 하나씩 떠올려봅시다. 반드시 그 기억 속에는 누군가와 함께 있을 것입니다. 결국 우리 인간은 누군가와 더불어 살아갈 수밖에 없는 존재이며, 다른 사람들과의 관계를 맺는 과정 속에서 진정한 행복과 의미를 찾을 수 있기 때문입니다.

즐거운 놀이를 하는 데 있어 어떤 놀이를 하느냐 보다 중요한 것은 누구와 함께 하느냐입니다. 새로 개발된 놀이, 최신 장난감을 가지고 놀더라도 그것을 누구와 하느냐에 따라 경험의 결과가 천지차이기 때문입니다. 우리 벧엘교회 토요스쿨 친구들은 모두 스마트폰이 있지만 토요스쿨 동안은 꼭 필요한 때를 제외하고는 거의 사용하지 않습니다. 목사님의 강력한 방침이기도 하고, 절제하면서 스마트폰을 사용할 수 있도록 매우 의도적으로 훈련하고 있기 때문입니다. 이것이 가능한 이유는 결국 끈끈한 공동체가 있어서입니다. 스마트폰을 보는 것보다 함께 시간을 보내는 것이 훨씬 재미있기 때문입니다.

공동체라는 비효율성

제가 존경하는 한 선교사님의 일화입니다. 평생을 바쳐 선교한 땅에서 사역을 마치고 귀국을 하는데, 단 두 명의 현지인만 예수님을 믿게 되어 낙담을 하셨다고 합니다. 너무나도 적은 수의 열매에 하나님께 죄송하기도 하고 죄책감이 들어 기도를 드렸는데 그날 밤 하나님께서 선교사님께 하나의 환상을 보여주셨습니다. 그것은 선교사님께서 전도한 두 명 뒤에

수 천명의 현지인들이 서서 하나님을 찬양하는 모습이었습니다. 꿈에서 깬 선교사님께서는 눈물을 흘리며 하나님께 감사를 올려드렸다고 합니다.

이처럼 하나님의 판단과 인간의 생각은 차원이 다릅니다. 우리 벧엘교회 토요스쿨도 15명 남짓 되는 작은 공동체이지만 이렇게 사랑으로 결합되고 오랜 기간 동안 함께 하며 훈련된 어린이와 청소년들의 미래가 정말 기대가 됩니다. 아프리카 속담에 '빨리 가려면 혼자 가고, 멀리 가려면 함께 가라'라는 말이 있습니다. 함께 간다는 것은 천천히 가는 것을 선택하는 길입니다. 그리고 다음 세대 사역에 꼭 필요한 것은 '기다림'과 '충분한 시간'입니다.

그 어떤 가치도 단기간에 형성되지 않습니다. 오랜 시간이 필요하고, 많은 기다림과 시행착오가 동반되어야 합니다. 다음 세대를 키우는 것 자체가 그렇습니다. 사람을 교육한다는 것은 사업을 경영하는 것과 다릅니다. 효율적으로 시간과 자원을 분배하여 단기간에 눈에 띌만한 성과를 내는 것이 아닙니다. 원한다고 그렇게 할 수도 없습니다. 어린이와 청소년부를 부흥시킬 특별한 방법론 혹은 공략집이 있는 것이 아닙니다. 지금 있는 공동체부터 시작해야 하는 것입니다. 지금 있는 공동체에서 시작한다는 것도 모든 사람이 같이 갈 필요가 없습니다. (사실 그렇게 되기도 힘듭니다.) 소수의 인원이더라도 진심으로 예수님을 따라가는 훈련을 해 보고자 하는 사람, 제대로 된 교회 공동체를 만들어가고자 하는 사람들과 함께 시작하면 됩니다.

많은 교회들이 지금 나와 함께 하고 있는 사람들과의 공동체성도 제대로 세우지 못한 채로 다른 사람들을 오게 하려는 유인 방법을 쓰고 있습니다. 이러한 전도 방법도 틀린 것은 아니겠으나 가장 좋은 방법은 지금 교회에 다니고 있는 사람들부터 먼저 훌륭한 공동체를 이루어야 하는 것입니다. 비유를 들자면 가족끼리 화목하지도 않고 집도 엉망인데 손님을 초대하는 것보다 먼저 행복한 가정을 이루고 깨끗한 집을 마련한 다음 손님을 모셔야 한다는 것입니다. 그렇게 되면 전도 역시 자연스럽게 이루어질 수 있다고 생각합니다.

목사님의 생일파티에서 축하하는 청소년들

지금까지 여러 번 언급한 것처럼 올바른 교회 공동체를 세워가는 데 가장 필요한 것은 바로 '시간'입니다. 1주일에 한 번, 그것도 잠깐 만나는 것으로는 유의미한 변화를 이끌어 내기가 쉽지 않습니다. 아무리 좋은 철학과 방향성이 있고, 훌륭한 지도자들이 있고, 최첨단의 프로그램이 있어도 그것들을 적용할 시간이 부족하면 앞으로 나아가지 못합니다. 최소한의 시간은 확보해야 합니다. 동시에 시간의 '질'도 매우 중요합니다. 많은 시간이 확보되어도 그것을 제대로 사용하지 않으면 오히려 역효과가 날 수도 있기 때문입니다.

이 때문에 저는 소수의 인원부터 시작해야 한다고 생각합니다. 공동체의 모든 사람들이 준비되었을 때 시작하는 것이 아니라, 진심으로 함께하고자 하는 사람들과 함께 작은 눈덩이를 함께 만드는 것입니다. 작은 눈덩이더라도 그것이 단단하게 뭉쳐지면 굴려서 큰 눈사람을 만들 수 있는 것처럼 많은 시간과 노력이 소요되더라도 우선은 한두 명의 사람과 함께 시작하기를 권합니다.

4
예술

음악과 미술의 향연

벤엘교회 토요스쿨은 예술교육을 중요하게 생각합니다. 성도님들 중에는 실제로 현직 미술 선생님들과 음악선생님들이 많이 계십니다. 금요예배는 찬양예배로 드리고, 주일예배에는 항상 관현악이 예배를 섬깁니다. 게다가 매주 특송과 봉헌송 순서가 있어서 적어도 두 팀은 항상 찬양을 준비해야 합니다. 저 역시 부족한 실력이지만 남전도회 소속으로, 개인적으로 특송과 봉헌송에 참여하고 있습니다.

토요스쿨이 바쁜 이유도 여기에 있습니다. 모든 청소년들이 관현악 소속이기 때문에 토요일 오후에는 항상 관현악 연습을

주일 특송을 하는 어린이와 중고등부

합니다. 특송이나 봉헌 송이 예정되어 있으면 따로 시간을 빼내어 찬양을 준비합니다. 금요 찬양예배 준비도 빼놓을 수 없습니다. 7~8곡 정도 되는 찬양을 구성하고 합주를 맞추는 일은 상당한 시간과 노력을 필요로 하기 때문입니다. 이 때문에 벧엘교회 청소년들은 클래식 악기 하나(바이올린, 비올라, 첼로, 피아노 등), 그리고 밴드 악기 하나(전자기타, 베이스, 드럼 등) 씩은 기본적으로 연주할 수 있습니다. 초등학교 때까지는 개인적으로 연습을 하고 중학생 이상이 되면 관현악과 밴드 팀에 합류하여 함께 합주하는 훈련을 합니다.

관현악 연습

밴드 연습

미술활동도 활발합니다. 그림 그리기, 공작, 도예 등 손을 활용하여 다양한 예술 작품을 만들어 내는 시간을 자주 갖습니다. 자연 속에 교회이기 때문에 영감을 얻을 장소도 충분합니다. 아이들은 마음껏 자기를 표현하며 감수성과 창의성을 기를 수 있습니다. 문화 예술교육은 이미 그 효과가 오래전부터 검증되어 왔습니다. 한국 문화 예술진흥원에서 발표한 내용에 따르면 어린이의 경우 문화 예술교육을 통해 '자기표현력', '행복감', '창의성·친밀감'을 개발하는데, 청소년은 '행복감', '자아존중감', '자기표현력'을 증진시키는 데 도움이 된다고 했습니다.

제가 토요스쿨의 음악, 미술활동을 보며 한 가지 알게 된 사실은 이 분야가 재능과는 크게 상관이 없다는 것이었습니다. 물론 예술을 전문적으로 하거나 직업이 되기 위해서는 어느 정도의 재능이 뒷받침되는 것도 필요합니다. 하지만 여가와 취미로 하는 수준은 누구나 할 수 있다는 것을 알게 되었습니다. 시간을 두고 관찰해 보니, 수많은 합주와 함께하는 시간을 통해 음치, 박치였던 친구들의 소리가 조금씩 맞추어져 가는

토요스쿨 미술활동

것을 볼 수 있었고, 그림과 도예에 전혀 관심이 없던 친구들도 멋진 작품을 만들어 가는 것을 확인할 수 있었습니다.

저의 큰 아들이 산증인입니다. 처음에는 음도 맞추지 못해 립싱크만 하던 아들이 이제는 마이크를 대고 노래할 수 있을 정도로 엄청난 변화를 보여주었습니다. 예술 활동, 그중에서도 특히 음악은 많은 훈련과 연습을 필요로 합니다. 이 과정이 결코 즐겁지만은 않습니다. 상당한 수준의 스트레스와 좌절을 겪지 않고서는 실력이 상승하지 않습니다. 벧엘교회 어린이, 청소년들은 함께 목소리를 맞춰가는 합창, 악기로 한데 어우러지는 합주의 수많은 경험을 통해 예술적 감각이 길러지는 것은 물론이고 즐거움과 자신감을 얻어 갑니다.

이 과정을 통해 바로 지금까지도 각광받고 있고, 청소년 활동의 핵심 요소인 '몰입'이 일어나는 것입니다. 몰입은 시간과 공간, 나 자신의 존재마저 잃을 정도로 무언가에 푹 빠져있는 심리적 상태를 말합니다. 몰입의 경험과 그것이 가져다주는 장점은 발달과정에 매우 긍정적으로 작용을 합니다. 몰입은 나의 능력과 도전의 수준이 적절하게 조화가 되었을 때 발현되는데, 토요스쿨을 지도하는 선생님들께서는 이 분야에 탁월한 전문성을 가지고 계십니다. 아이들 한 명 한 명의 수준을 정확하게 알고 계시고, 개개인에게 어울리는 예술적인 도전을 할 수 있도록 장을 마련해 주고 있습니다.

어렸을 때부터 교회에서 예술교육을 받는 아이들

순종을 훈련하는 시간

이 시대 기독교인들이 세상 속에서 빛과 소금의 역할을 제대로 하지 못하고 있다는 증거는 여기저기서 쉽게 찾을 수 있습니다. 이렇게 된 데에는 다양한 이유가 있겠으나 저는 개인적으로 하나님을 경외하는 사람들이 줄어들고 있기 때문이라는 생각이 듭니다. 교회에서 일어나는 각종 범죄와 추한 행위들을 볼 때면 하나님이 계시다는 것만 알뿐, 그분을 두려워하는 것처럼 행동하지 않습니다. "하늘이 두렵지도 않느냐?"라는 신앙이 없는 사람들의 외침이 반가울 지경입니다.

교회를 다니는 신자들과 다니지 않는 사람들의 행위에서 커다란 차이점이 느껴지지 않습니다. 대부분의 사람들이 자기가 옳다고 생각하는 것, 자기가 좋다고 판단되는 것을 기준으로 삼고 있습니다. 예수님의 제자인 우리는 하나님을 사랑하고 이웃을 내 몸과 같이 사랑하라는 가르침을 마음속에 새기고 실천하기 위해 노력해야 합니다. 내 삶의 주인이 내가 아님을 인정하고, 하나님께 내 삶을 드려야 합니다. 최고의 권위인 성경의 가르침 앞에 항상 겸손하며, 예수님의 재림과 최후의 심판을 믿어야 합니다. 이것이 가능하기 위해서는 기본적으로 하나님을 두려워하는 마음이 우리에게 있어야 합니다. 죄를 미워하는 마음가짐이 필요합니다.

　최근의 육아 양상과 부모교육의 내용을 보면 그 어떤 경우에도 체벌을 해서는 안 되며, 어린이는 무조건적인 존중과 사랑을 받아야 하는 존재임이 강조되고 있습니다. 여기에 더해 친구 같은 부모, 부모와 자녀 간에 동등한 관계에 대한 가치가 부각되고 있고, 각 가정이 가지는 자녀 수도 대부분 한두 명이다 보니 부모의 권위와 훈육에 대한 언급이 줄어들고 있습니다. 이 같은 흐름이 잘못된 것은 아니지만 어느 한쪽으로 균형을 잃게 되면 제대로 된 교육이 될 수 없는 것도 사실입니다.

　실제로 교육현장에서 만나는 어린이와 청소년들을 보면 자기 삶에 무서운 것이 없는 경우가 많이 있습니다. 아무런 근거와 이유 없이 무언가를 무서워하는 것은 불필요한 일이지만, 무서운 것이 있다는 것은 삶에 긍정적인 경계선이 있다는 의미와 같습니다. 절대로 넘어서는 안 될 선에 대한 경계심을 갖

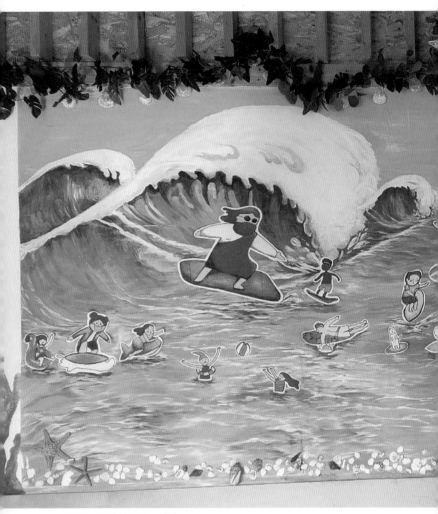

토요스쿨에서 함께 만든 벽화

는 것이지요. 미국에서 진행된 설문조사에 따르면 청소년기에 마약의 유혹에 넘어가지 않은 사람들 중 대다수가 "부모님이 알면 끝장나서(엄청나게 혼나서)"라는 대답을 했다고 합니다. 이는 많은 시사점을 우리에게 줍니다.

저 또한 부모님께서 나를 사랑하고 있다는 변함없는 사실을 알고 있음과 동시에 그분들에 대한 두려움을 함께 가지고 있었습니다. 자칫 모순처럼 보이는 양가의 감정은 저에게 혼란과 어려움을 준 것이 아니라 편안함과 명료함으로 자리 잡았습니다. 그리고 이 가르침은 자연스럽게 하나님을 경외하는 삶의 태도를 갖추게 해주었고, 사랑과 공의가 어떻게 한 하나님께 공존할 수 있는가를 알게 해주었습니다. 요즘 육아·교육과 관련하여 참으로 안타까운 것이 바로 이 부분에 대한 균형의 상실입니다. 가정에서부터 권위에 대한 인식과 훈련이 되지 않으면 그것이 학교, 교회, 사회로까지 이어지며 궁극적으로는 신앙생활에까지 영향을 미칩니다.

벧엘교회 어린이, 청소년들은 관현악, 찬양단 활동을 통해 엄청난 훈련을 받습니다. 앞서 설명드린 대로 많은 시간과 노력이 투여되며, 혼자 하는 것이 아니라 함께 맞추어가야 하기 때문에 권위 앞에 강력하게 순종하지 않으면 제대로 된 결과물이 나오지 못합니다. 이런 의미에서 벧엘교회 토요스쿨의 예술, 특히 음악은 어린이와 청소년들에게 순종이 무엇인지 깨닫게 해 주며, 권위에 대한 인정과 복종하는 훈련의 장이 되어 줍니다.

문화 다양성과 포용성을 함양하는 길, 예술

기독교는 하나님 이외에 다른 신을 섬기지 말 것을 분명히 하고 있습니다. 기독교인들은 기독교를 종교의 하나로 바라보지 않고 절대적인 진리의 체계로 이해하고 있습니다. 이 때문에 기독교는 근본적으로 배타성을 가질 수밖에 없습니다. 이처럼 진리에 대해서는 배타성을 가지고 있지만 성경의 가르침은 우리의 삶이 배타적이어서는 안 된다고 말하고 있습니다. 오히려 이웃사랑하기를 내 몸과 같이 하라는 말씀은 가장 큰 계명으로 자리 잡고 있습니다.

21세기에 기독교가 사회로부터 지탄받고 받아들여지지 않는 가장 큰 이유 중에 하나도 이 배타성 때문이라고 생각합니다. 배타성과 배타적인 태도를 구분하지 못하는데서 오는 사람들의 오해가 생긴 것 같습니다. 하나님의 말씀과 성경의 진리에는 타협해서는 안 되지만, 예수 그리스도의 복음을 나누고 사랑의 가르침을 실천하는 데에는 포용력이 매우 중요합니다.

포용성에 대해 가장 높은 이해를 가진 사람은 사도바울이라고 생각합니다. 신약 성경의 상당 부분을 집필할 정도로 영성과 진리로 무장한 사도바울은 사람들을 향한 뜨거운 사랑과 애끓는 마음이 동시에 있었습니다. 교회가 힘써 덕을 세워갈 것을 주문했고, 갈등과 부딪히는 상황 속에서는 항상 자기가 손해 보거나 희생해야 하는 쪽을 택했습니다. 이방인들을 전도할 때는 자기에게 익숙한 율법을 준수하는 것이 걸림돌이 되지 않게 했고, 유대인들을 전도하기 위해 고기 먹는 것을 절제하기도 했습니다. 모든 것이 가능하지만 유익하지 않거나 덕을 세우는 것이 아니면 하지 않았던 것입니다.

모든 것이 가하나 모든 것이 유익한 것은 아니요

모든 것이 가하나 모든 것이 덕을 세우는 것은 아니니

누구든지 자기의 유익을 구하지 말고 남의 유익을 구하라

(고전 10:23-24)

저는 현재 한국 교회에 사도바울과 같은 포용과 사랑이 가장 필요하다고 생각합니다. 진리를 수호한다는 구호 아래 우리는 너무 많은 사람들을 억압하고 공격하고 있습니다. 이러한 자세와 태도에서 벗어나기 위해서라도 우리는 다양한 문화와 교류하는 시간을 많이 가져야 합니다. 나와 다른 사람들과 만나서 대화하고 서로를 이해하는 과정이 꼭 필요한 것입니다. 이런 측면에서도 문화 예술교육은 큰 역할을 할 수 있습니다. 문화 다양성과 포용성을 함양하는 가장 좋은 방법 중 하나이기 때문입니다.

실제로 벧엘교회 어린이와 청소년들은 함께 노래를 부르고, 악기 합주를 맞춰가며 서로 다른 소리들이 아름답게 어우러

져 가는 장면을 매주 목격합니다. 자연스럽게 '다름'이 '불편'이 아닌 '아름다움'인 것을 깨닫게 되는 것이지요. 정말 안타까운 것은 교회 안에서 이런 배움의 기회를 가질 수 있는 친구들이 그렇게 많지 않다는 것입니다. 그러다 보니 다양한 문화를 포용하고, 나와 다른 생각과 사고방식, 삶의 양식을 가지고 있는 사람들과 어울려 지내는 방법을 훈련받지 못한 기독교인들이 너무나 많습니다.

기독교는 사랑의 종교입니다. 자기의 목숨마저 우리에게 내어주시면서 보여주셨던 예수님의 사랑까지 실천하지는 못하더라도 최소한 우리의 이웃들을 품으려는 노력이 절실합니다. 진리에 타협하자는 것이 아닙니다. 하나님은 항상 옳으시고 온전하신 분이지만 우리 인간은 그렇지 않다는 것을 인정하고, 나와 다른 사람들을 배척하는 것이 아니라 겸허하고 포용하는 자세로 진리의 자리로 우리의 이웃들을 초대해야 하겠습니다. 이것은 말로만 되는 것이 아닙니다. 많은 시간과 노력을 필요로 하고 저는 예술교육이 이 부분에 큰 도움이 될 것을 확신합니다.

5
롤 모델

헌신의 표본, 기도산

벧엘교회 토요스쿨에는 롤 모델이 될 수 있는 어른들이 있습니다. 하나님을 진심으로 사랑하고 이웃을 섬기는 신앙의 선배들이 있습니다. 이 선배들의 사랑은 헌신과 희생이라는 이름으로 나타납니다. 이 책 초반에도 언급했지만 토요스쿨이 있을 때마다 항상 식사를 준비해 주시는 것은 기본이고, 무엇보다 항상 기도로 지원하고 계십니다. 여기서 우리 교회의 자랑거리 중 하나인 기도산에 대해서 이야기하지 않을 수 없습니다.

말씀드린 대로 저희 교회는 굉장히 외진 곳에 있습니다. 경기도 양평 산골짜기에 있는데요. 가장 가까운 지하철과도 차로 30분 정도 가야 할 정도로 도심에서 멀리 떨어져 있습니다. 교회 자체도 산 중턱에 있는데, 기도산은 산꼭대기에 있습니다. 본당에서 걸어서 15분 정도 산을 타면 기도산에 도착합니다. 기도산에 가 보면 여기에 어떻게 이런 건물을 지을 수 있을까 싶을 정도로 상당히 큰 예배당이 있는데, 놀랄만한 일은 이 예배당을 저희 성도님들이 손수 지으셨다는 데 있습니다.

공사에 필요한 나무, 시멘트, 공구, 발전기 등 어떨 때는 80kg이 넘는 자재들도 있었다고 합니다.

물론 공사 전반을 책임지는 목수가 있었지만 거기에 필요한 자재들은 성도님들이 직접 옮겼다고 합니다. 제가 교회를 다니기 전에 완공이 되었다고 하는데, 저는 아직도 기도산을 만들 때 필요한 자재들을 어떻게 다 옮겼을지 신기하기만 합니다. 그냥 걷기에도 버거운 길을 몇십 킬로가 넘는 짐들을 들고 계속 오르내리는 게 어떻게 가능했을지 정말 궁금합니다. 공사는 가장 추울 때인 1월과 2월에 걸쳐 진행이 되었는데, 한겨울에 눈이 내릴 때도 공사는 멈추지 않았습니다. 게다가 자재를 옮기고 공사를 진행했던 인력의 절반 이상은 여자 성도님들이었습니다. 나이를 불문하고 집사님과 권사님들은 자원하는 마음으로 공사에 필요한 모든 분야에 최선을 다해 참여하셨습니다.

이러한 헌신과 고난을 통해 지어진 건물이어서 그런지 기도산에 가면 기도가 정말 잘됩니다. 이미 기도산을 오르는 과정부터가 기도입니다. 기도산에 도착하면 숨이 가빠지고 저절로 무릎이 꿇어지는데 저는 이 과정을 통해 기도가 노동이라는 사실을 알게 되었습니다. 물론 기도는 내가 잠자고 일어난 침대에서도 할 수 있고 장소와 상관없이 할 수 있는 것입니다. 하지만 15분간 산을 오르며 하나님께 집중할 수 있는 준비를 하고 드리는 기도는 느낌이 정말 다릅니다. 마치 사랑하는 사람을 만나러 갈 때의 설렘처럼 말입니다. 물론 기도의 효력이 그 열심이나 장소에 있는 것은 아니겠으나 벧엘교회 기도산에서는 하나님과의 만남과 대화에 온전히 집중할 수 있습니다.

이 기도산에는 어른들이 많이 오르지만 어린이와 청소년들도 예외는 아닙니다. 토요스쿨에 오는 친구들도 기도산에 자주 오릅니다. 부모와 함께 오르기도 하고 성탄절 공연 전과 같이 특별한 일이 있을 때 다 함께 올라갑니다. 신기하게도 기도산에 다녀오면 아이들의 입에서 불평불만이 사라지고 그동안 쌓였던 스트레스와 오해도 풀리는 것을 보게 됩니다. 기도산에는 조명시설도 갖추어져 있어서 365일 원하는 때에 누구나 올라가서 기도할 수 있습니다. 이처럼 기도하러 산에 오르는

한 겨울에 진행되었던 기도산 공사

한 겨울에 진행되었던 기도산 공사

토요스쿨 어린이들을 보면 한국교회에 아직도 희망의 불씨가 남아 있다는 생각을 하게 됩니다.

롤 모델이 필요한 이유

제가 미국에서 석사학위를 마칠 때쯤 진행했던 프로젝트가 있었습니다. 목회자 자녀들을 연구하는 과제였는데요. 목회자 자녀들이 받는 스트레스와 어려움을 분석하고 이를 위해 어떠한 대안을 제시할 수 있는가에 대한 주제를 다루었습니다. 여기서 발견한 한 가지 재미있는 사실은 부모의 역할이 매우 중요하다는 것이었습니다. 즉, 목회자 자녀들이 동일한 어려움을 겪고 있더라도 부모의 자세와 태도가 다른 결과를 가져온다는 것입니다. 목회자 부모의 가르침과 행동이 일치한 가정에서 자란 자녀들은 높은 스트레스 상황에서도 꺾이지 않고 극복하는 모습을 보여준 반면, 집 밖과 집 안에서의 행동이 다르거나 말과 행동이 따로 노는 부모를 둔 자녀들은 상처를 입고 엇나간 경우가 많았습니다.

제 경우도 마찬가지입니다. 저의 롤 모델은 저의 친할머니였습니다. 복음과 성령으로 충만하셨던 친할머니의 삶을 그저 보고 자란 것만으로도 제 신앙에 엄청난 자산이 되었습니다. 할머니는 하루도 빠지지 않고 복음을 전하는 일에 힘쓰셨고, 교회 하나를 세울 수 있는 숫자만큼의 성도들이 할머니를 통해 예수님을 믿게 되었습니다. 한글도 읽지 못하시는 분이었지만 언제나 말씀과 기도로 무장되어 있으셨고, 전도를 위해 모든 이웃집을 돌아다니며 청소, 빨래, 집안일 등을 정성껏 해주셨습니다. 할머니는 사람들의 경계심을 풀기 위해 전도하러 갈 때마다 갓난아기였던 저를 등에 업고 다니셨고, 저는 그때 얻은 동상으로 겨울마다 얼굴이 빨개지지만 믿음의 훈장으로 생각하며 항상 감사하고 있습니다.

이처럼 어린이와 청소년들이 자라면서 보고 배우는 대상은 매우 중요합니다. 아이들이 닮고 싶은 좋은 어른이 있다는 것은 그들에게 엄청난 축복입니다. 때문에 예수님의 성품을 닮은 어른들이 교회 안에 많으면 많을수록 다음 세대 교육은 저절로 될 수 있습니다. 가장 먼저 부모가 그런 어른이 되어야 하

기도산 가는 길

기도실

고, 교육을 맡고 있는 선생님들의 역할도 매우 중요합니다. 벧엘교회 토요스쿨에는 이러한 어른들이 많이 있습니다.

다음 세대에게 좋은 롤 모델이 필요한 또 한 가지 이유는 성경을 제대로 알고 실천하기 위해서입니다. 성경의 진리를 올바로 깨닫고 그 가르침과 교훈을 삶의 원리로 삼으면서 살아가기란 그리 녹록지 않습니다. 왜냐하면 성경은 어려운 정도가 아니라 깨닫는 영이 없이는 온전한 해석이 불가능할뿐더러 일반적인 텍스트 분석의 방법으로는 그 의미를 제대로 알기가 쉽지 않기 때문입니다. 성경 한 권 안에서 완전히 반대되는 것처럼 보이는 말씀들이 여러 번 등장하고, 삼위일체, 천국, 거룩, 하나님의 영광 등 인간의 언어와 사고로는 묘사조차 불가능한 말들이 수없이 많이 등장합니다.

뿐만 아니라 죄, 은혜, 기도, 구원, 믿음, 은사 등 사람마다 다르게 가지고 있는 개념들이 해석과 이해에 큰 어려움을 줍니다. 가령, '죄'라는 개념 하나를 제대로 이해하기 위해서 '악', '죄악', '죄', '범죄'는 어떻게 다른지 비교하는 것을 기본으로 '율법', '은혜'등 필수적으로 연관되는 개념들을 분석하는 작업이 필수적으로 요청되지만, 이러한 과정을 실행할 수 있는 의지도, 능력도, 환경도 허락되지 않는 것이 보통의 현실입니다.

이처럼 문서로서의 성경은 어린이와 청소년들에게 어려운 것으로 인식되기 때문에 그들은 롤 모델을 보면서 본인들의 신앙생활을 어떻게 해 나가야 할지 깨닫게 됩니다. '내가 성경이 무슨 말인지는 몰라도, 이 가르침대로 살아가는 어른들의 모습이 이렇게 멋지다면 성경은 분명 좋은 책이겠구나'라고 생각하게 되는 것이지요. 이런 차원에서 부모와 교사의 역할은 성경을 잘 가르치는 것도 있겠지만 그보다 훨씬 더 중요한 것은 성경의 가르침대로 살아가는 모습을 보여주는 것이라 생각합니다. 성경을 읽고 해석하는 과정은 어렵지만 그 말씀대로 살아가는 사람을 보며 영감을 받고 도전을 얻는 것은 매우 실제적인 과정입니다.

한국교회 롤 모델의 부재가 실제 교인 감소와도 밀접한 연관이 있다는 주장도 있습니다. 한국 기독교의 교세가 절정이었던 시기에는 김수환 추기경을 비롯하여 사회적으로 존경받는 기독교 지도자들이 많았던 반면, 지금은 그런 인물을 찾아보기가 힘들다는 것입니다. 오히려 신문 사회면을 장식하고 있는 온갖 범죄와 추문에 목회자들의 이름이 오르내리고 있는 실정입니다. 이러한 상황은 기독교 신앙이 없는 많은 사람들로부터 혐오와 비호감을 불러일으키고 그 결과 교회에 다니는 사람들도 줄어드는 것입니다.

어떠한 롤 모델이 있느냐는 더 이상의 설명이 필요 없을 정도로 중요하며, 특히 어린이와 청소년들 시기에 롤 모델이 미치는 영향은 더욱 큽니다. 청소년 시기에 연예인을 포함한 아이돌에게 지대한 관심을 갖게 되는 것도 같은 이유에서입니다. 우리의 영원한 롤 모델이신 예수님을 지속적으로 소개하는 것도 필요하지만, 예수님을 닮은 지도자들이 어린이, 청소년과 함께 호흡하며 그 자리를 지켜주는 것도 그에 못지않게 중요합니다.

많은 사람이 필요하지 않습니다

다음 세대를 위한 교육에서 교사의 역할이 중요한 것은 부인할 사람이 없을 것입니다. 각 교회에서도 연말이 되면 다음 해에 함께해 줄 교사들을 찾느라 여념이 없습니다. 목회자들은 한 명의 교사라도 확보하기 위해 안간힘을 씁니다. 부탁도 하고 회유도 하고 협박(?) 마저 해가며 봉사의 자리로 교사들을 초대하죠. 이렇게까지 해가며 최대한 많은 교사를 모집하려는 이유가 뭘까요?

여기에는 다양한 대답이 있겠지만, 많은 사람이 모이면 일이 좀 더 수월해지고 더 많은 일을 할 수 있을 것이라는 기대 때문일 것입니다. 결론부터 말씀드리자면 이 생각은 대부분의 경우 옳지 않습니다. '교육'은 엄연히 전문적인 영역이며, 사람이 많다고 효율적으로 이루어지는 성질의 것이 아니기 때문입니다. 오히려 의욕도 없고 억지로 끌려와 있는 교사들이 있는 모임 속에서는 부정적인 효과만 날 뿐입니다. 이 때문에 적은 사람이 모이더라도 정말 다음 세대 사역에 부르심과 마음이 있는 교사들, 실력과 전문성을 겸비한 교사들이 와야 합니다.

무엇보다 교사로 함께하는 사람들은 겸손한 마음이 있어야 합니다. 제가 많은 교회를 돌아다니면서 강의를 하다 보면 가장 많이 느끼는 것이 목회자들이 다음 세대 사역에 대해 많이 알고 있다고 자신한다는 것이었습니다. 본인이 어렸을 때 해 봤고, 어린이와 청소년이 대상이다 보니 자신이 알고 있는 지식과 방법을 동원하면 자연스럽게 이루어지는 것으로 알고 있는 분들이 많았습니다. 하지만 청소년 교육, 그중에서도 '청소년 활동' 분야는 엄청난 전문성이 요구됩니다. 국가공인 자격증으로 '청소년 지도사', '청소년 상담사'가 괜히 만들어 진것이 아닙니다. 어린이, 청소년과 함께 집단을 이루어 교육 목적에 입각한 프로그램을 진행하는 것은 상식과 경험에 의해서만 이루어지지 않습니다.

이런 차원에서 교사를 모집한다는 것은 기드온이 300용사를 선발했던 방식과 유사한 점이 많습니다. 기드온이 미디안 군대와의 전쟁을 위해 최초에 모인 병사는 3만 2천 명이었습니다. 하지만 하나님께서는 두려워하는 자 2만 2천 명을 돌려보내십니다. 나머지 1만 명 가운데서도 물을 먹는 시험을 통해

300명만 남기고 모두 돌려보내십니다. 하나님께서 전쟁에서 승리하게 하셨다는 것을 알리기 위함이셨습니다. 교사를 선발하는 과정도 마찬가지라고 생각합니다. 원하지 않거나 억지로 하는 사람은 돌려보내야 합니다. 전문성이 턱없이 부족하거나 겸손한 마음으로 청소년과 함께하지 못하는 교사도 같이 일할 수 없습니다.

롤 모델이 된다는 것은 그만큼 중요하고 어려운 일입니다. 저는 개인적으로 단 한 명의 롤 모델, 즉 제대로 된 교사 한 명만 있어도 변화는 찾아온다고 확신합니다. 하나님의 부르심을 확인한 사람, 다음 세대를 향한 뜨거운 마음을 가진 사람, 전문성과 겸손함을 겸비한 사람, 그것이 단 한 사람이어도 충분합니다. 앞서 제가 벧엘교회에 다니게 된 계기 중 하나가 저희 딸의 어린이집 선생님이셨던 권사님 때문이라고 말씀드렸습니다. 이 권사님은 어린 자녀를 양육하는 많은 가정을 동일한 방법으로 전도하셨습니다. 자녀에게 지극정성으로 사랑을 쏟아붓고, 그 결과 부모가 함께 교회에 오게 됩니다. 이 과정은 결코 쉽지 않습니다. 뼈를 깎는 자기희생과 수많은 인고 시간을 견뎌야 하기 때문입니다.

  이러한 롤 모델이 우리 교회에 많이 있다는 것, 이것은 하나님께서 벧엘에 허락하신 크나큰 축복이 아닐 수 없습니다. 정성스럽게 식사를 준비하시는 집사님들과 매주 시간을 정해두시고 열심을 다해 기도하는 권사님들의 헌신을 보고 있으면 토요스쿨에 다니는 우리 벧엘교회 친구들이 세상에서 가장 많은 사랑을 받고 있다는 생각이 절로 듭니다.

토요스쿨을 위해 정성스럽게 식사를 준비하는 모습

벧엘교회
토요스쿨의
봄
·
여름
·
가을
·
겨울

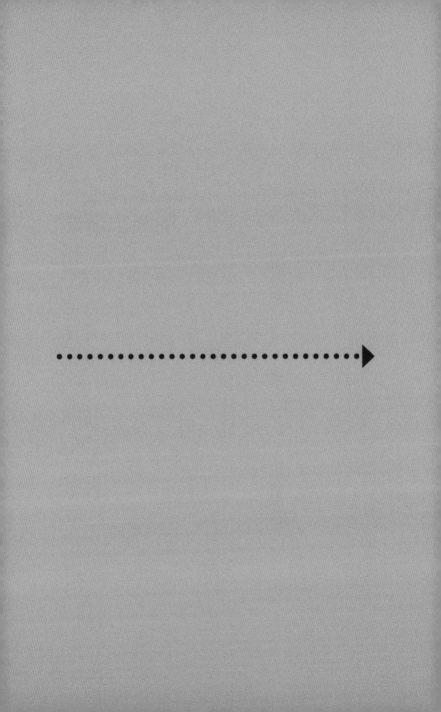

봄

봄을 맞이하는 벧엘교회 정원

추운 겨울이 지나가고 생명이 약동하는 봄이 되면,

교회 앞뜰과 정원에는 아름다운 꽃들이 피어납니다.

보기만 해도 미소가 지어지는 꽃들을 보고 있으면

하나님께서 허락하신 자연의 아름다움이 마음속에 새겨집니다.

백합꽃이 어떻게 자라는지를 생각해 보아라.

수고도 하지 아니하고, 길쌈도 하지 않는다.

그러나 내가 너희에게 말한다.

자기의 온갖 영화로 차려 입은 솔로몬도

이 꽃 하나만큼 차려 입지 못하였다.

(누가복음 12:27, 새번역)

봄은 작업하기 딱 좋은 계절입니다.

온 성도들이 모자와 장갑을 착용하고

각자가 맡은 장소로 갑니다.

올봄은 기도산으로 올라가는 계단 교체 작업을 했습니다.

낡고 썩은 나무를 제거하고 새로운 계단으로 갈아끼웠죠.

40kg이 넘는 침목들도 있었지만 모두 함께 힘을 모았습니다.

중고등부 친구들이 없었다면 할 수 없었을 거예요.

네 손으로 일한 만큼 네가 먹으니, 이것이 복이요, 은혜이다.

(시편 128:2, 새번역)

무슨 일을 하든지 사람에게 하듯이 하지 말고,

주님께 하듯이 진심으로 하십시오.

(골로새서 3:23, 새번역)

어른들과 함께하는 작업

여름

여름 사경회가 진행되는 동안

토요스쿨 친구들은 여름 성경학교에 갑니다.

말씀을 배우고, 열심히 기도하며

하나님과 교제하는 법을 배워갑니다.

물론 재미있는 놀이와 특별활동도 빠질 수 없겠죠.

여름이 지나면 훌쩍 커져 있는 아이들의 모습을 봅니다.

예수는 지혜와 키가 자라가며

하나님과 사람에게 더욱 사랑스러워 가시더라

(누가복음 2:52)

여름 성경학교

제주도에 벧엘교회 수양관이 있습니다.

몇 년 전까지만 해도 목사님께서

두 곳을 왕래하시며 목회를 하셨죠.

가끔 여름이 되면 토요스쿨 친구들이 함께

제주도에 놀러 갑니다.

바로 앞에는 귤 나무들이 있고,

좀 더 나가면 바닷가와 올레길이 펼쳐지는

너무나 아름다운 곳.

생각만 해도 입가에 미소가 지어집니다.

야곱이 아침에 일찍이 일어나
베개로 삼았던 돌을 가져다가 기둥으로 세우고 그 위에 기름을 붓고
그 곳 이름을 벧엘이라 하였더라

(창세기 28:18-19)

제주도 벧엘교회

가을

매년 화창한 가을이 되면 전교인 체육대회가 열립니다.

승패를 떠나 모두가 하나가 되는 행복한 시간입니다.

청년부가 준비해 주는 체육대회는

남녀노소 누구나 즐길 수 있습니다.

물론 맛있는 음식과 푸짐한 상품도 빼놓을 수 없지요.

벧엘교회 친구들이 가장 기다리는 날 중 하나가 아닐까요?

경기하는 자가 법대로 경기하지 아니하면 면류관을 얻지 못할 것이며

수고하는 농부가 곡식을 먼저 받는 것이 마땅하니라

(디모데후서 2:5-6)

전교인 체육대회

교회 앞마당 캠핑

더위가 물러가고 밤공기가 서늘해지면

교회 앞마당에 모닥불을 피워 놓습니다.

삼삼오오 둘러앉아 간식도 구워 먹고 이야기꽃을 피웁니다.

불멍을 하면서 맛있는 음식을 먹는 이 순간만큼은 그 누구도

부럽지 않습니다.

오랜만에 가족들, 친구들과 진솔한 이야기가 오가네요.

행복한 만남과 성도의 교제가 자연스럽게 일어납니다.

그들이 땅에 올라와서 보니, 숯불을 피워 놓았는데,

그 위에 생선이 놓여 있고, 빵도 있었다.

예수께서 제자들에게 말씀하셨다.

"너희가 지금 잡은 생선을 조금 가져오너라."

(요한복음 21:9-10, 새번역)

겨울

신년축복대성회가 있는 겨울,

벧엘교회 친구들은 성경학교를 진행합니다.

긴 겨울방학을 채워줄 소중한 시간입니다.

한 해를 새롭게 시작하며 성령 충만함을 옷 입습니다.

말씀과 기도로 무장하여 그리스도의 충성스러운 군사가 되는

그날까지!

네가 그리스도 예수의 좋은 군사로 나와 함께 고난을 받을찌니

군사로 다니는 자는 자기 생활에 얽매이는 자가 하나도 없나니

이는 군사로 모집한 자를 기쁘게 하려 함이라

(디모데후서 2:3-4)

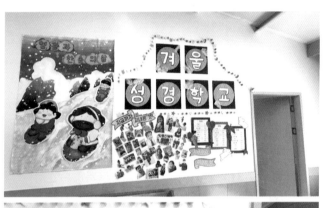

겨울 성경학교

성탄 전야제

벧엘교회 토요스쿨의 가장 큰 행사, 성탄 전야제입니다.

전 교인이 함께 모여 예수님의 탄생과

이 땅의 오심을 축하합니다.

오케스트라, 연극, 난타, 영화, 퀴즈쇼 등

다양한 공연이 준비됩니다.

크리스마스는 가장 좋은 전도의 기회이기도 합니다.

가족, 친척, 전도 대상자,

교회에 오랫동안 오지 못했던 지체들도 함께 모입니다.

은혜와 감동이 넘치는 공연은

준비하는 과정 자체가 큰 기쁨입니다.

홀연히 허다한 천군이 그 천사와 함께 있어 하나님을 찬송하여 가로되

지극히 높은 곳에서는 하나님께 영광이요

땅에서는 기뻐하심을 입은 사람들 중에 평화로다 하니라

(누가복음 2:13-14)

벧엘교회 토요스쿨
사람들의 이야기

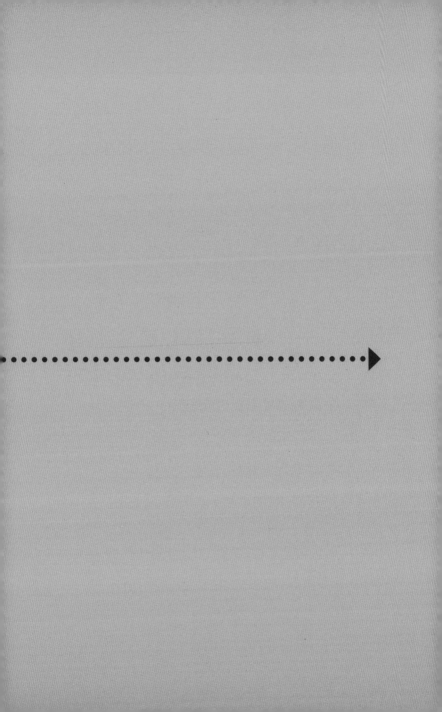

1) 친구들의 이야기

우리 벧엘교회는 다른 큰 교회들이 장년부 예배와 어린이 예배를 분리해서 드리는 것과는 다르게 어린이와 어른의 구분 없이 같은 시간, 같은 장소에서 함께 예배를 드려 왔다. 그러다 보니 자연스럽게 교회에서 하는 모든 활동은 우리 나이의 수준을 한참 뛰어넘은 것이었다. 그 결과, 우리 교회의 어린이들은 예배에 임하는 자세나 기도나 찬양을 하는 태도가 나이에 비해서 많이 성숙해졌다. 하지만 워낙 성경 책에서 사용되는 어휘가 어린이에게는 어렵기도 하고(어른들에게도 어렵다고 본다), 목사님도 어른 성도님들에게 초점을 맞춰서 예배를 인도하시기 때문에 어린이의 수준에 맞춘 활동이 필요했던 것 같다. 아무리 어린아이들의 믿음이 깊다고 해도 설교를 온전히 이해하는 데에는 어려움이 있기 때문이다. 이런 면에서 봤을 때, 토요스쿨은 벧엘교회의 어린이들에게 있어서 꼭 필요했던 프로그램이었다. 토요스쿨은 아이들에게 초점을 맞춘 예배와 예배 후의 활동으로 구성되었기 때문이다.

내가 토요스쿨에 대한 자부심이 큰 이유는 토요스쿨이 활동 중심이 아니라 예배 중심으로 돌아가기 때문이다. 토요스쿨에서는 아이들이 어릴 때부터 예배와 관련된 것에 있어서 철저한 훈련을 받게 한다. 아이들은 예배를 수동적으로 드리는 것이 아니라 반주자로서, 기도자로서, 찬양 인도자로서 능동적인 예배자가 된다. 모든 아이들이 예배를 준비하는 과정부터 마치는 과정까지 다 관여한다. 지금은 교회학교를 졸업한 나는 가끔 예배를 준비하는 아이들의 모습을 볼 때나, 아이들의 기도를 들을 때 감동을 받는다. 아이들이 교회 안에서 믿음이 성장하는 것을 느끼게 된다.

사실 교회의 모든 프로그램이 만들어지고 진행되기 위해서는 그것을 위해 중보하는 분들과 봉사하는 분들이 필요하다. 특히 아이들과 관련된 활동을 위해서는 더 많은 관심과 수고가 필요하다. 토요스쿨도 마찬가지인데, 토요스쿨의 원활한 진행을 위해서, 아이들을 위해서 보이지 않는 곳에서 수고하시는 많은 분들이 있다. 먼저, 예배를 인도하시는 분들이 있다. 목사님부터 전도사님, 권사님, 집사님들이 돌아가면서 예배를 인도하시는데, 모든 분들이 말씀을 준비하실 때 겸손한 마음과 떨림으로 준비하신다. 인도자 본인의 스타일에 따라 조금씩 서로 다르게 예배를 인도하시는 점이 예배에 더욱 집중할 수 있도록 어린이들에게 도움을 준다. 다양함 속에서도 하나님 안에서 중심을 지키는 설교로 많은 아이들이 은혜와 지혜를 얻는다.

다음으로는, 교회학교 선생님들이 있다. 교회학교 선생님들은 그 누구보다 교회학교 아이들을 사랑으로 돌보신다. 그리고 아이들을 위해 늘 중보하시고 기쁨으로 아이들을 섬기신다. 말로 직접 표현하지 않아도, 아이들의 영혼을 사랑하는 마음이 느껴진다. 또한, 아이들이 어렸을 때부터 주님 안에서 올바르게 자랄 수 있도록 말씀으로 교육하신다. 교회학교 선생님들의 헌신과 기도가 토요스쿨을 이끌어가는 원동력이라 볼 수 있다.

　마지막으로는, 아이들의 식사부터 시작해서 이것저것을 챙겨주시는 분들이 있다. 자신의 가족들에게 하는 것 이상으로 정성스럽게 식사를 준비하신다. 그리고 아이들이 잘 활동할 수 있도록 많은 방면으로 도움을 주신다. 이런 분들의 봉사 없이는 토요스쿨이라는 프로그램이 운영되지 못할 것이다. 토요스쿨을 위해서 말없이 사랑으로 봉사하시는 모든 분들께 감사드리고 하나님의 축복이 그분들의 삶 속에서 가득 넘치길 기도한다. 또한 지금 토요스쿨에 참여하는 아이들도 토요스쿨을 위해 애쓰시는 모든 분들에 대한 감사함이 있기를 기도하고, 이분들의 모습을 본받아 어린아이들과 새로운 아이들을 사랑으로 섬기는 자들이 되기를 바란다.

　토요스쿨의 장점은 다양하지만, 그중에서도 세 가지를 말해 보려고 한다. 먼저, 토요스쿨은 아이들이 미디어를 절제할 수 있는 능력을 기르도록 돕는다. 정말 10년 전만 하더라도, 아이들은 놀이터에서 친구들끼리 모여 뛰어놀았지만 시대가 변하면서 아이들은 스마트폰을 갖고 놀기 시작했다. 아이들은 스마트폰을 통해 세상의 수많은 미디어를 접하게 되는데 이런 미디어는 아이들의 모든 행동이 스마트폰을 포함한 전자기기에 국한되도록 만든다. 하지만 토요스쿨은 아이들의 스마트폰 사용을 지양하고, 아이들이 미디어에 대한 경각심을 가지도록 지도하기 때문에 아이들이 스마트폰과 전자기기로부터 자유롭다. 교회학교 학생들은 자기가 절제가 되지 않는다 싶으면 스스로 자신의 핸드폰을 없앤다. 그만큼 토요스쿨은 학생들이 미디어에 대한 통제력을 가질 수 있게 한다.

다음으로는, 토요스쿨은 아이들에게 감사하는 습관을 길러준다. 모든 교회학교 학생들은 감사라는 단어를 입에 달고 산다. 감사한다는 말이 습관처럼 아무 생각 없이 나오는 것이 아니라 진심 어린 감사를 한다. 토요스쿨 예배를 드릴 수 있게 해주심에 감사, 토요스쿨을 위한 중보에 감사, 토요스쿨을 위한 봉사에 감사를 드린다. 어릴 때부터 감사가 마음속 깊이 자리 잡은 아이들은 각자 성장통을 겪을 때 성장통의 과정은 힘들어도 그 결과는 감사로 아름다워질 것이라고 생각한다.

마지막으로, 토요스쿨은 아이들이 자연 속에서 마음껏 뛰어놀 수 있게 한다. 아이들은 예배가 끝난 후 활동을 할 때, 교회를 둘러싼 자연 속에서 뛰어논다. 나이와 상관없이 모두가 아름다운 자연 속에서 놀며 행복함을 느낀다. 계절에 따라 변화하는 환경 속에서 아이들의 창의력과 감수성, 예술성은 자라난다. 많은 사람들은 아이들이 자연에서 노는 모습을 보며 천국의 모형 같다고 얘기하곤 한다. 이러한 토요스쿨의 좋은 점은 아이들의 영혼에 선한 영향을 끼친다.

나는 토요스쿨의 1세대 학생이다. 초등학교부터 고등학교 3학년에 이르기까지 토요스쿨에 참여하였다. 어릴 때부터 나는 교회에서 피아노 반주자가 되기를 꿈꿨는데, 우리 교회에는 실력 있는 연주자가 많았기 때문에 실력도 부족하고 나이도 어린 내가 피아노 반주자가 되기에는 역부족이라고 생각했다. 하지만 계속 기도로 구하다 보니, 토요스쿨이란 프로그램이 시작되었고 토요스쿨 예배의 피아노 반주자가 될 수 있었다. 어렸을 때부터 사모했던 것을 토요스쿨을 통해 이루게 되었다. 토요스쿨을 통해서 훈련을 받고, 말씀을 듣고, 아이들과 소통하면서 클 수 있었던 것이 나에게 있어서 엄청난 행운이었다. 내가 그랬듯이 다른 아이들도 그렇게 생각하리라 믿는다. 나나 지금의 교회학교 학생들만 이 행운을 누리기에는 너무 아까운 것 같다고 생각한다. 많은 아이들이 토요스쿨이란 좋은 프로그램에 참여하여 은혜와 감사와 즐거움을 함께 공유할 수 있으면 좋겠다고 느낀다.

〈진은택, 토요스쿨 졸업생〉

벧엘 토요스쿨이 내 인생에 준 영향

내가 어른 예배에서 집중을 못 할 때가 있는데, 그럴 때 나의 마음을 보충해 주는 시간이라는 점과 하나님을 믿는 청소년으로서 해야 할 의무와 지켜야 할 마음가짐을 알려주는 점에서 나의 영적인 새싹이 잘 자라나도록 지탱해 주는 역할을 한다. 그리고 만 16살의 인생을 살면서 나에게 가장 소중한 것이 무엇인지, 내가 손을 놓으면 안 되는 분이 누구인지, 나를 가장 사랑하는 분이 누구신지 잊지 않게 하기도 해서 나의 좁은 길을 주님 손잡고 걸어갈 수 있게 해준다. 토요스쿨을 하면서 느낀 점은 나는 어린이 예배를 놓치고 세상을 살 수 없다는 것이다. 학업을 하면서 수요일과 금요일, 토요일까지 내 시간을 주님께 드린다는 것이 가끔 버거울 때가 있다. (그땐 주님께 시간을 드린다는 생각을 하지 못하고 나에게 빠져 있어서 그런 것 같다.)

하지만 교회 스케줄이 너무 힘들지 않냐고 물어보며 계속 교회를 다니고 싶냐는 세상 사람들의 물음에도 나는 담대히 교회를 빠질 수 없다고 이야기했다. 머리로는 괴로운데 나의 입은 담대히 교회를 빠질 수 없다고 말하는 나의 모습에 놀라며 토요스쿨에 대해 생각을 하게 되었었다. 생각의 결론은 나의 인생에 당연히 있어야 할 부분을 도려내는 것은 상상조차 할 수 없다는 것이었다. 토요스쿨을 하면서 힘든 점도 있지만 토요스쿨을 하면서 받는 은혜를 내 손으로 놓치는 것은 너무 명청한 짓이라는 것을 잘 알고 있기에, 그동안 예배를 통해 받은 은혜를 외면하기에는 그 은혜가 너무 크기 때문에 영적으로 힘든 순간도 나는 결코 토요스쿨을 놓칠 수 없다고 대답했던 것 같다.

토요스쿨의 장점은 나를 끊임없이 발전시켜준다는 것

생각이 많아지는 청소년기에는 주님의 일에 대해 의문을 가지기 시작한다. 인간의 생각에 잡혀서 나아가야 할 방향을 잡지 못하고 그 자리에서 머물다가 구렁텅이에 빠지기 쉽다. 하지만 토요스쿨을 하면 그 구렁텅이에서 더 쉽게 빠져나올 수 있게 예배가 나를 도와준다. 남 몰래 가진 인간적인 의문점에 대해 마치 나의 마음을 읽기라도 한 것처럼 그 문제에 대한 답을 때론 호통으로, 때론 온화하게 주신다. 그래서 그 생각에 잡아먹히지 않도록, 그 자리에서 머물러 있지 않도록 나를 이끌어주는 것이 장점이라고 생각한다. 그리고 나를 사랑하시고 나를 가장 걱정해 주시는 분을 잊지 않게 말씀을 통해 눈높이에 맞게 일러주셔서 영적인 자존감을 올려주는 것도 장점이다.

선생님들께 하고 싶은 말

선생님들 항상 부족한 저희를 이끌어 주셔서 감사합니다. 작지만 강한 우리 교회에서 우리의 믿음을 항상 지켜보시고, 인생의 멘토, 믿음의 멘토로서 항상 조언해 주셔서 감사합니다. 앞으로도 사고 많이 칠 거고, 선생님들 걱정시키는 일을 하겠지만, 기도로, 사랑으로 지켜봐 주세요. 당신의 그 섬김이 천국에서 빛날 것입니다!! 항상 기도하고 사랑합니다.

나를 지치게 하는 세상에서 살다 보면 주님을 잃어버리고 반복되는 육신의 관습에서 지치곤 하지만, 그래도 주님 곁에서 문을 두드리는 것을 하면 문밖에서 항상 우리를 기다리시는 주님이 우리를 안아주실 것입니다. 육신의 생각은 사망이고 영의 생각은 영생과 평안이니 예배를 쉬지 마시고 항상 기뻐하고 쉬지 말고 기도하고 범사에 감사하면서 항상 주의 곁에 있으세요. 주님이 기뻐하시는 삶을 살아서 주님을 보는 그 순간에 반갑게 우리를 맞이해주시는 주님의 얼굴을 보는 사람이 '내'가 되어야겠다는 생각을 가지는 사람이 많아지면 행복해지는 사람도 많아질 것입니다. 인생에서 사람에게 기대어 채울 수 없는 마음을 채우려는 시도를 하다가 지쳐서 멈추지 말고 '나'를 항상 사랑하는 주님을 만나서 사랑 넘치는 삶을 살 수 있도록, 그런 사람이 많아질 수 있도록 기도하겠습니다. 벧엘 교회 토요스쿨 사랑합니다.

〈이경미, 토요스쿨 재학생〉

2) 교장 선생님의 이야기

벧엘교회에서의 18여 년간 하나님 안에 살면서 나의 행적을 되돌아봅니다. 하나님이 보시기에 그저 작은 일들로 짧게 나의 회개 거리를 찾으면서 여기까지 온 것 같습니다. 하나님의 은혜입니다.

오래전 하나님을 안다고 기대감과 두려움과 떨림으로 시작했던 세월이었으나 과정마다 내가 한 것이 아닌 전적인 하나님의 계획이었음을 고백합니다. 나에게 예수가 없던 시절 교사로서 오직 아이들을 위한다는 명목하에 조직적인 활동이 나의 인생관이 되었었고 새로운 소망을 이루어 나가는 이른바 내 인생의 종교(?)로 오직 나의 의로운 행위로 살았습니다.

벧엘교회에서의 나의 생활은 조직적인 관심에서 벗어난 진정 평안하고 행복한 생활이었으나 목사님을 통한 하나님의 맡기심에 따라 나의 자아를 무너뜨리는 여정이 시작된 것 같습니다. 처음 벧엘교회 교장 직분을 받을 때 나는 할 수 없다고 강력히 반발하는 내 마음은 오랜 시간 육체의 평안함을 유지하고자 했던 이기적인 마음의 표현이었던 것 같습니다.

하지만 목사님께서 "하나님은 만들고 쓰시기도 하시지만 쓰시면서 만드시기도 합니다"라는 말씀이 나의 머리를 하얗게 함과 동시에 제 입에서는 "아멘!"이라는 탄성과 부끄러움이 나왔고 "이제 당신이 하나님이 쓰시고자 하는 일에 순종하여야 할 때"라고 하셔서 지금까지 나에게 각인되어 지나친 겸손은 나의 이기적인 생각과 교만함으로 나온다는 것을 깨닫고 살아갑니다.

그때의 그 두려움과 해 내야 한다는 집요한 생각이 잠시 고통 가운데 머물게 하였으나 기도와 말씀으로 하나님께서 나의 근심과 걱정은 하나님의 영광을 나타내시고자 나를 선택하심을 깨닫는 순간 진정한 하나님의 하심을 바라보는 시간이었습니다. 모든 교회학교 활동이 전적인 하나님의 지혜로 이루어졌기에 그저 주시는 데로 행함 밖에 없는 듯합니다.

제60평생에 학교생활이 그 흔한 보직 몇 년 한 것이기에 제가 가진 계획은 전무한 상태였고 소소하게 아이들을 잘 돌보는 명목으로 버텼던 것 같습니다. 더욱이 예수 안에서의 가르침은 더욱 나에게는 고통이 될 수밖에 없었습니다. 이 또한 하나님이 나에게 '네가 가진 것이 없으니 나에게 의지하라'는 명령으로 듣고 기도를 하였습니다.

처음 토요스쿨과 성경학교를 시작할 때 5~6세 천사들과 시작하여 지금의 믿음 있는 청년들로 키워 주신 하나님의 은혜와 그 감격은 세상의 그 어떤 보직보다 감사함과 이 세상에서의 천국 잔치로 제 마음에 다가왔습니다. 아이들과 함께 모든 일들을 진행하는 것에 초점을 맞춰 느리거나 비뚤어져도 과정에서 스스로 깨달아 차근차근 자신들이 모습을 바라보며 자라나는 아이들은 어른들에게 주신 가장 큰 축복임을 알게 하셨습니다.

목사님과 부모님, 선생님, 아이들이 서로 벧엘교회의 소소하지만 큰일들을 공유하고 참여하면서 마음과 육체를 하나님께 드린다는 기도가 우리로 하나가 되게 하셨고 토요스쿨 예배에서의 기도와 준비 찬양, 각각 자신이 하고자 하는 악기 연주, 성경학교 계획, 새로운 성도 섬김 등등 일의 진행 과정을 통하여 자신들이 해야겠다는 욕심(?)과 성령체험을 하게 됐다는 고백들을 통해 어른들의 지대한 관심과 노력이 감사함으로 아이들에게 다가왔으며 어른들은 아이들의 변화로 인해 하나님께 감사를 드림으로 서로가 은혜를 깨닫게 하는 존재임을 알게 되었습니다.

무엇보다 청년부와 어른들의 기도와 참여가 하나님의 방법이었음을 알게 한 이후 계획적인 실천으로 하나님께서 알고 맡기신 아이들임을 알고 주신 이를 기쁘게 한 것 같습니다. 어른들과 잠시 떨어져 목사님과 전도사님들 교회학교 교사들의 토요스쿨 예배 인도를 통하여 자신을 깊숙이 들여다보고 자유롭게 고백하고 하나님 안에서 자신의 존재를 인정하는 과정을 통해 모든 이들에게 감사와 사랑을 알게 되고 어른들과의 '무언의 소통'과 '교류'가 매주 이루어지게 되었습니다. 자신들이 이 축복을 통하여 하나님을 알지 못하는 이들을 위해

애통하며 기도하며 행할 수 있는 큰 축복을 주신 하나님께 감사하는 기도를 올리는 학생들을 바라보며 하나님께 무한한 영광을 돌립니다.

이런 과정을 통하여 이제 와 돌이켜보면 내게 예수가 없다고 얘기했던 시간에도 하나님께서는 나를 계획하고 계셨고 그 시절의 경험 또한 버리지 않고 하나님의 은혜로 사용하심을 알게 되었습니다. 감사합니다. 하나님!!

〈한명순, 벧엘교회 토요스쿨 교장〉

나가며

교회가 너무 재미없습니다. 도무지 다닐 맛이 나지 않습니다. 청소년들과 어린이들은 말할 것도 없고 어른들조차 교회를 다니는 동기에 대해서 물어보면 내부적인 요인보다 외부적인 요인 때문이라고 답하는 사람들이 많습니다. 시도 때도 없이 터지고 있는 교회의 돈 문제, 성 문제, 권력 문제, 사회 정의 문제는 이제 거론할 필요도 없을 정도로 심각해져 버렸고 이런 문제들이 드러나지 않은 교회들도 과연 하나님을 그 중심에 모신 곳인지, 예수 그리스도가 머리로 계신 공동체인지 의구심이 들 정도입니다. 교회가 세상의 문화에 대안을 제시하고 이상적인 모델이 되어야 함에도 불구하고 선도는커녕 답습조차 제대로 하지 못하고 있는 현실은 정말 안타깝습니다.

특별히 교육 분야에서 문제의 심각성은 두드러집니다. 사회는 이미 과거의 패러다임에서 벗어나 협동학습 및 체험학습의 중요성을 강조하며 공동체 교육, 생태교육, 인간 중심 교육 등 효율성에 입각한 다양한 방법론들을 시도하고 있는데 교회는 아직도 기독교가 처음 들어왔던 시기의 문화에서 크게 벗어나지 못하고 있습니다. 21세기 학생을 20세기 선생들이 19세기 방식으로 교육한다는 자조 섞인 학교의 한탄이 교회에도 그대로 적용되는 듯합니다.

주입식으로 점철된 성경공부 시간, 건설적 의심·질문과 토론이 사라진 공과공부, 프로그램 위주의 여름성경학교, 결과 중심·경쟁구도로 진정한 만남과 인간관계가 사라진 청소년부 활동, 삶으로 이어지지 않는 설교 등 나열하려면 끝도 없는 처참한 교회 교육의 현장은 사람들의 신앙성장에 거의 도움을 주지 못하고 있을뿐더러, 하나님을 아는 지식이 더해가는 신앙인이 아닌 조직생활에 매몰된 종교인, 혹은 교인을 양산해 내고 있습니다. 이처럼 재미없는 교회는 신앙생활이 힘든 주요 원인이기도 한 동시에 그것을 촉발시키는 직접적인 요인이기도 합니다.

이런 교회 교육에서 맺어진 열매들을 보면 너무 안타깝습니다. 교회 생활에 열심인 사람들이 사회에서 인정받지 못하는 경우가 많습니다. 세상의 문화와 풍조를 거슬러 올라가 새로운 하나님의 세계, 천국의 문화를 창조해야 하지만 그렇게 할 힘과 지혜가 부족한 세대입니다. 위로와 힐링, 값싼 은혜는 넘치지만 헌신과 희생, 좁은 길을 가야 하는 고난과 순교는 외면받고 있습니다.

제가 벧엘교회 토요스쿨을 소개한 이유는 우리 교회가 절대 완벽해서가 아닙니다. 이 책의 제목처럼 다음 세대 사역을 위한 하나의 대안이 될 수 있겠다는 믿음 때문입니다. 목사님께서는 다음 세대 교육에 대한 강한 의지를 가지고 계실 뿐더러 오랜 기간동안 토요스쿨이라는 프로그램을 시험해오셨습니다. 여기에 대부분 부모로 이루어진 성도님들의 헌신과 수고로 자연, 공동체, 예술, 놀이로 이루어진 기독교 교육의 이상적인 모델이 탄생했습니다.

물론 모든 교회가 벧엘교회 토요스쿨과 동일한 방법으로 할 수는 없습니다. 그럴 필요도 없습니다. 각 교회가 고민해 봐야 할 것은 '과연 지금 하고 있는 방법이 최선의 방법인가?'

하는 것입니다. 교회학교의 존재 이유가 무엇입니까? 그것은 아직 하나님을 믿지 않는 친구들에게 복음을 알게 하고, 하나님의 자녀가 된 친구들은 예수님의 제자로 살아갈 수 있도록 돕는 것입니다. 이 위대하고 거룩한 우리의 부르심과 과제 앞에서 지금 내가 하고 있는 것이 과연 가장 좋은 방법인지 고민해야 합니다.

많은 교회들이 지금 하고 있는 다음 세대 사역에 만족하지 못하고 있는 것으로 알고 있습니다. 어디로 가야 할지 나아갈 바를 모릅니다. 어디서 시작해야 할지, 누구와 함께해야 할지, 어떤 방법으로 언제 할지 미궁 속에 빠져있는 곳이 많이 있습니다. 이런 분들께 벧엘교회 토요스쿨을 보여드리고 싶었습니다. 우리처럼 규모가 작은 교회도 충분히 할 수 있다는 것을 알려드리고 싶었습니다. 불가능해 보이는 것처럼 보이는 다음 세대 사역을 훌륭하게 할 수 있다는 희망을 드리고 싶었습니다.

벧엘교회 토요스쿨 여기까지 오는 길은 결코 쉽지 않았습니다. 성도님들의 엄청난 희생과 헌신이 반드시 필요했습니다.

많은 시간과 재정의 투자가 있었고 목사님과 목회자들의 쉬지 않는 기도와 열정이 동반되었습니다. 하지만 다음 세대 사역은 이 모든 대가를 치를 만한 분명한 가치가 있습니다. 한 영혼이 천하보다 귀하기 때문이고, 하나님께서 원하시고 기뻐하시는 일이기 때문입니다. 하나님께서도 우리를 위해 독생자 예수님을 이 땅에 보내셔서 화목 제물로 삼아주셨습니다. 이처럼 모든 가치의 크기는 그 희생과 헌신의 크기입니다.

전 교인이 한꺼번에 하기는 어렵습니다. 우선은 마음과 뜻이 맞는 사람들부터 함께 모이면 됩니다. 교회 안에서도 시험기간이 되거나 고3이 되면 자녀들을 교회에 보내지 않는 학부모들이 있습니다. 이렇게 철학과 정신을 함께 나눌 수 없는 학부모들이 아니라 하나님을 섬기고 하나님과 동행하는 것, 이웃을 사랑하고 공동체를 세워가는 것을 인생의 가장 중요한 가치로 두는 사람들과 함께 시작하면 됩니다. 정신과 철학이 맞는 사람들끼리 먼저 가치를 공유하고 행복을 누린다면 그 뜻에 함께하고자 하는 사람들도 점점 늘어갈 것이라고 생각합니다.

벧엘교회 토요스쿨의 실험은 현재진행형입니다. 교회 창립 1세대들의 눈물과 땀으로 뿌린 씨앗들이 무럭무럭 자라나고 있습니다. 제 자녀들을 포함하여 토요스쿨에서 자라난 어린이와 청소년들의 청년 시기, 어른의 시기가 어떨지 많은 희망과 기대를 걸어봅니다. 이러한 교회의 문화가 세대를 거듭해 이어져 나가 하나님께서 원하시고 기뻐하시는 교회가 되기를 진심으로 소망합니다.

다음 세대 사역,
벧엘교회 토요스쿨에
길을 묻다

초판 1쇄 인쇄 | 2023년 10월 12일
초판 1쇄 발행 | 2023년 10월 25일

지은이 | 정희성
펴낸이 | 전국재
펴낸곳 | 도서출판 모닥불
등록 | 제399-2014-000012호
주소 | 경기도 남양주시 와부읍 궁촌로 6-13
전화 | 031-577-7179
이메일 | ilf@ilf.or.kr

편집·디자인 | 이준혁

ISBN | 979-11-89444-05-1